Wulf Dieter Lugert

Musik hören machen verstehen

Arbeitsbuch für den Musikunterricht in den Klassen 5/6
mit einer Gitarrenschule
von Peter Coura und Volker Kriegel

J.B. Metzlersche Verlagsbuchhandlung
Stuttgart

An der unterrichtlichen Erprobung und Diskussion wirkten mit:
Annette Heitmann, Joachim Höreth,
Christiane Köster, Gerd Krüger,
Doris Lugert, Lutger Stork, Roswitha Ulbert

Für die Unterstützung des Projekts durch Informationen und Material wird gedankt:
Dem ZDF, Herrn Klaus Sanders vom SFB, Manfred Borchardt, Karl Heinz Schott, dem Museum der Deutschen Bundespost und dem Bundesverband der phonographischen Wirtschaft e. V.

Zum Unterrichtswerk erhältlich:
Lehrerband mit Arbeitsblättern
Best.-Nr. 30098

Hörbeispiele auf 5 Schallplatten
Best.-Nr. 30107

ISBN 3 476 20116 3

Druck 1984, 1983, 1982
Die letzte Zahl nennt das Jahr des Drucks.
Alle Drucke einer Auflage können im Unterricht nebeneinander verwendet werden.
Satz: Bauer & Bökeler Filmsatz KG, Denkendorf
Notenherstellung: C. L. Schultheiß, Tübingen
Druck und buchbinderische Verarbeitung:
Poligrafici il Resto del Carlino, Bologna
Printed in Italy

Inhaltsverzeichnis

Die Illustrationen besorgten Sigrid Gräfe-Bentzien (S. 81, 83, 87, 103), Jürgen Hoffmann (S. 15, 63, 65, 70, 94, 100, 107), Jörg Funhoff (S. 43, 45, 76, 77) und Volker Kriegel (S. 9, 61).
Den Umschlag entwarf Volker Kriegel.
Grafik: Joannis Selveris.

Bildquellenverzeichnis

Seite 4: A. Helwig, 5: A. Helwig (l.), S. Gragnato, 7: DGG (l.), J. Höreth (M. o.), S. Gragnato (M.), A. Helwig (M. u.), dpa (r.), 8: dpa, 12: 3M Deutschland, 13: W. Bicheler, 17: EMI Electrola, 19: H. Kiehl, 23: Cliche Musees Nationaux, Paris, 24: Audio Tonstudio, Berlin, 25: DGG (l.), Audio Tonstudio, Berlin, 27: W. Bicheler, 28: I. Amith (l.), Fa. Sonor, 29: Lugert, 30: I. Amith, 32: DGG, 33: DGG, 35: W. Bicheler, 37: A. Grimm, 41: Lugert, 44: dhfi, 45: DGG, 46: AEG Telefunken, 48: Ch. Albert, 49: Ch. Albert (l.), AEG Telefunken, 50: K. Leßhaft (l.), W. Bicheler (o.), BASF (u.), 51: Lugert, BASF (u. r.), 54: BASF, 57: ZEFA/de Bruin, 60: Bundespostmuseum, Frankfurt, 62: Fa. Sonor, 64: DGG (l.), W. Bicheler (M.), S. Gragnato (r.), 66: DGG (l.), A. Helwig (M.), W. Bicheler (r.), 67: DGG, 87: S. Gräfe-Bentzien, 92: Lugert, 93: Gritscher/Mauritius, 95: dpa, 97: Lugert, 101: VEB Verlag der Kunst, Dresden, 105: dpa, 111: entn. L. Freed, Black in White America, Wunderlich, Tübingen, 113: Kempkens/Mauritius, 120: I. Knegendorf, 121: W. Bicheler, 124: foto felicitas, München, 126: S. Gragnato, 127: S. Gragnato, 134: I. Knegendorf, 135: Lugert.

1. Wir und die Musik

1.1 Wir hören täglich Musik

Die meisten Menschen in den Industrieländern können heute auf Grund der Technik Musik hören, wann und wo immer sie wollen. Ein Wissenschaftler sprach sogar von einem »Musikzwang«, weil man auch oft Musik hören muß, ohne es zu wollen.

Überlegt, in welchen Ländern nur wenige Menschen über die Möglichkeit verfügen, Musik mit Hilfe der Technik zu hören! Kennt Ihr Situationen, in denen man Musik hören muß, auch wenn man es nicht will?

Es lohnt sich, einmal darüber nachzudenken, wie oft und wie lange man durchschnittlich am Tag in irgendeiner Form Musik hört. Beim ersten Überlegen fällt den meisten Menschen nur ein, daß sie Musik hören, wenn sie eine Schallplatte auflegen oder das Rundfunkgerät einschalten. Das scheint gar nicht so oft und lange zu sein. Doch wenn man darüber nachdenkt, wie oft Musik einfach nebenbei gehört wird, dann ergibt sich gleich ein anderes Bild.

Versucht zu schätzen, wieviel Musik Ihr durchschnittlich täglich hört!
Betrachtet die Bilder auf S. 4 und 5 und stellt fest, bei welchen Gelegenheiten hier Musik gehört wird. Überlegt, ob Ihr noch weitere Gelegenheiten kennt.

Natürlich hört man nicht jeden Tag gleich viel Musik, denn das hängt auch davon ab, wieviel Zeit man zum Hören hat und was man an einem bestimmten Tag macht. Deshalb soll hier nur untersucht werden, wieviel Musik Ihr an einem normalen Schultag ungefähr hört.

Geht in Gedanken den Ablauf eines der letzten Tage durch und tragt in die Tabelle auf dem Arbeitsbogen ein, wann und wie lange Ihr Musik gehört habt. **A 1**
In die erste Spalte wird eingetragen, bei welcher Gelegenheit die Musik gehört wurde. Wer nur der Musik zugehört und dabei nichts anderes gemacht hat, kann hier einen Strich machen.
In die zweite Spalte wird eingetragen, woher die Musik kam, z.B. Radio, Plattenspieler, Straßenmusikant, Tonbandgerät ... In die dritte Spalte tragt Ihr ein, wie lange Ihr die Musik ungefähr gehört habt. Beschränkt Euch dabei auf ungefähre Angaben, z.B. 1/2, 2 Stunden usw.
Denkt bei allem, was Ihr im Verlauf des Tages gemacht habt nach, ob nicht irgendwo im Hintergrund Musik zu hören war. Oft merkt man dies kaum, z.B. im Supermarkt oder beim Spielfilm im Fernsehen.

Zeit	Gelegenheit	Gerät	Stunden
7	Frühstück	Radio	$^{1}/_{2}$
8	–	–	–
. . .			
15	Hausaufgaben	Plattenspieler	1
16	Einkaufen	Tonband im Kaufhaus	$^{1}/_{2}$
17	–	Gitarre	$^{1}/_{2}$
. .			
20	Fernsehen	Fernseher (Spielfilm)	$1^{1}/_{2}$
22	Einschlafen	Kassettenrekorder	$^{1}/_{2}$
			$4^{1}/_{2}$

So könnte eine Tabelle zum Beispiel aussehen.

Wenn Ihr die Tabelle ausgefüllt habt, so könnt Ihr (wie im Beispiel) die letzte Spalte zusammenzählen. Damit wißt Ihr, wie viele Stunden Ihr ungefähr jeden Tag Musik hört. Um wieviel habt Ihr Euch bei der Schätzung getäuscht?

Aus dieser Tabelle kann man aber noch viel mehr herauslesen als nur, wieviel jeder einzelne von Euch täglich Musik hört.
Wenn man z.B. wissen will, wieviel Musik in der Klasse im Durchschnitt täglich gehört wird, so muß man alle Einzelergebnisse zu-

sammenzählen und durch die Anzahl der Schüler der Klasse teilen.
Man kann auch feststellen, wieviel Musik nur nebenbei gehört wird, und wie oft man wirklich auf die Musik achtet. Hören und hören ist nämlich nicht unbedingt dasselbe. Wenn man genau auf die Musik achtet, so nennt man das »bewußtes Hören«, wenn die Musik aber nur im Hintergrund erklingt und man nebenbei etwas ganz anderes macht, so nennt man das »unbewußtes Hören«. »Unbewußt«, weil man eben der Musik nicht bewußt zuhört.

Unterstreicht in Eurer Tabelle, wann Ihr »bewußt« hört, und zählt die Stunden zusammen. Vergleicht das Ergebnis mit dem Gesamtergebnis! Wie hört Ihr mehr: bewußt oder unbewußt?

Man kann anhand der Tabelle auch feststellen, welche Musikwiedergabegeräte bevorzugt werden. Man muß wieder nur die betreffenden Zeiten zusammenzählen. Welches Gerät liegt an der Spitze? Radio, Plattenspieler oder Kassettenrekorder?
Die kleine Untersuchung zeigt, daß Musik einen wesentlichen Teil des Tages begleitet, daß wir uns unser tägliches Leben ohne Musik gar nicht mehr vorstellen können.

Ein Meinungsforschungsinstitut stellte sehr vielen Menschen die Frage »Hören Sie gern Musik?« Drei Antworten waren möglich: »Gern, es geht, nein«. Hier das Ergebnis: Von 100 Befragten antworteten 79 mit »Gern«, 18 mit »es geht« und nur 3 mit »nein«.
Bei den jungen Leuten von 16–29 Jahren antworteten sogar 91 mit »gern«, 7 mit »es geht« und nur 2 mit »nein«.

Es wird also nicht nur viel Musik gehört, die meisten Menschen hören auch gerne Musik. Aus diesem Grunde gibt es das Fach Musik in der Schule!
Der Musikunterricht soll helfen, das, was man täglich hört, besser zu verstehen und damit auch besser zu hören. Er soll über den ganzen großen Bereich der Musik, und über alles, was mit ihr zusammenhängt, informieren.

Welche Informationen erwartet Ihr vom Musikunterricht? Erwartet Ihr noch mehr als nur Information?
Kreuzt Eure Erwartungen auf dem Arbeitsbogen an und sprecht anschließend mit Euren Nachbarn und Eurem Lehrer darüber. **A 2**
Seht im Inhalts- und Stichwortverzeichnis dieses Buches nach, wo Ihr mehr über Eure musikalischen Interessengebiete erfahren könnt.

1.2 Die Geschmäcker sind verschieden

Es gibt viele verschiedene Arten von Musik und nicht jeder hört jede Art gern. Der eine hört lieber Schlager, der andere lieber Volksmusik, wieder einer am liebsten klassische Musik, ein anderer Jazz.
Es ist sehr schwer, die Musik in bestimmte Arten einzuteilen. Am häufigsten wird eine Unterscheidung zwischen Unterhaltungsmusik und sogenannter »Ernster Musik« gemacht. Mit dieser Unterscheidung kann man aber nur wenig anfangen, denn es gibt in der Unterhaltungsmusik sehr ernste und ernstzunehmende Stücke, und in der »Ernsten Musik« gibt es sehr lustige und unterhalt-

same Stücke. Diese Unterscheidung kommt auch daher, daß manche nur solche Musik »ernst«-nehmen, die ausschließlich zum bewußten Hören komponiert wurde. Fast alle bekannten Komponisten sogenannter ernster Musik haben aber auch Unterhaltungsmusik komponiert. Bach, Mozart, Beethoven, Schubert – um nur einige zu nennen – waren sich nicht zu gut, für gesellige Feste Tanzmusik und Lieder zu schreiben.
Aus diesen Gründen ist es richtiger, die Musik in Stilarten einzuteilen. Die verschiedenen Stilarten erkennt man meist an ihrem Klang. Da die genaue Unterscheidung und Bezeichnung der Stilarten recht schwierig ist, werden hier zunächst Bezeichnungen gebraucht, wie sie im normalen Sprachgebrauch verwendet werden: Klassische Musik, Schlager, Rockmusik, Volksmusik, Jazz und Moderne. Der letzte Begriff kennzeichnet neuzeitliche »ernste« Musik.

Welche dieser sechs Musikarten bevorzugt Ihr, wenn Ihr bewußt Musik hört? Wenn Euch die Entscheidung schwer fällt, könnt Ihr auch mehrere Musikarten auf dem Arbeitsbogen ankreuzen. **A3/A4**
Wenn Ihr die Stimmen zusammenzählt, die die einzelnen Musikarten bei Euch in der Klasse bekommen haben, könnt Ihr feststellen, welche Musik bei Euch bevorzugt wird.
Tragt auf dem Arbeitsbogen die Reihenfolge ein!
Welche Musikart schneidet am besten, welche am schlechtesten ab? Unterhaltet Euch darüber, warum Ihr manche Musikarten gerne, andere nicht gerne hört!

Im Frühjahr 1972 wurden über 1500 Schüler befragt, welche Musik sie bevorzugen. Die Schüler hatten 16 verschiedene Musikarten zur Auswahl. Hier das Ergebnis:

Musikarten	Schüler
Popmusik	841
deutsche Schlager	279
ausländische Schlager	189
Marschmusik	28
Tanzmusik	17
Protestsongs	16
Volkslieder	15
Elektronische Musik	14
Chansons	13
Musik aus Musicals	10
Jazz	9
Operettenmusik	5
Folklore	5
Neue Musik	5
Klassische Musik	4
Opernmusik	1

(Aus: W. Pape, Musikkonsum. Schwann Verlag, Düsseldorf 1974, S. 18)

Stimmt dieses Ergebnis mit der Reihenfolge überein, die Ihr in Eurer Klasse festgestellt habt?
Stellt fest, zwischen welchen Musikarten die größten Abstände zu finden sind. Woran könnte das liegen?
Fragt Eure Eltern, welche Art von Musik sie bevorzugen und berichtet darüber! Vergleicht das Ergebnis mit dem der Klasse!
An dem Hörbeispiel auf der Schallplatte könnt Ihr jetzt feststellen, ob Ihr hört, zu welcher Art von Musik ein Stück gehört. Damit Euch die Aufgabe nicht zu leicht fällt, kommen einige Arten zweimal vor. **H1**
Schreibt bei jedem Stück auf, zu welcher Art von Musik es Eurer Meinung nach gehört.
Überprüft Eure Antworten!

Stellt anhand der jetzt gehörten Stücke eine neue Rangfolge der verschiedenen Stücke

auf und vergleicht diese mit der Rangfolge, die Ihr vorher hattet. Hat sich etwas verändert? Woran könnte die Veränderung liegen?
Über welchen der verschiedenen Musikbereiche wißt Ihr am meisten, über welchen am wenigsten?
Schreibt auf, was Ihr über den Musikbereich wißt, der Euch am besten gefällt und sprecht darüber.
Über welche Art von Musik möchtet Ihr gerne mehr wissen? Notiert Euch dazu Fragen.

1. Welche verschiedenen Arten von Musik kennt Ihr?
2. Welche Musikarten werden von Jugendlichen mit Abstand bevorzugt?
3. Was versteht Ihr unter bewußtem Hören?

Betrachtet die Bilder und überlegt, ob man an den Bildern erkennen kann, welche Art von Musik gemacht wird.
Schreibt auf, an welchen Merkmalen Ihr die einzelnen Musikarten auf den Bildern erkennt. **A 5**

Sprecht über folgende Fragen:
Woran könnte es liegen, daß sich für verschiedene Musikarten verschiedene Kleidung eingebürgert hat?
Könntet Ihr Euch vorstellen, daß klassische Musik in Straßenkleidung gespielt wird?

1.3 Musik und ihre Wirkungen

Jeder hat es an sich selbst schon einmal erlebt: Musik wirkt in irgendeiner Weise auf den Menschen. Wie die Musik auf den Menschen wirkt, hängt einerseits von der Art der Musik ab, andererseits von der jeweiligen Situation desjenigen, der die Musik hört. Auch der musikalische Bildungsstand oder der Musikunterricht, den man hatte, spielen dabei eine Rolle.

Stellt in Arbeitsgruppen mögliche Wirkungen der Musik auf den Menschen zusammen und schreibt sie in Stichworten auf!
Sprecht über die Ergebnisse der Arbeitsgruppen und einigt Euch, welche Wirkungen von Musik Ihr für möglich haltet.
Hört Euch die Hörbeispiele an und schreibt in die Spalten auf dem Arbeitsbogen, wie die Musik Eurer Meinung nach wirkt! **A 6/H 2**

Sieht man von der Stimmung des einzelnen ab, so hängt die Wirkung eines Musikstükkes meist davon ab, wie seine wichtigsten Bestandteile gestaltet wurden.
Wir betrachten die Bestandteile Melodie, Tempo und Rhythmus.

Versucht zunächst, mögliche Worte zur Beschreibung von Melodie, Tempo und Rhythmus zu sammeln und aufzuschreiben.
Hört Euch die Hörbeispiele noch einmal an und tragt in die entsprechenden Spalten des Arbeitsblattes ein, welche Worte Euch zur Beschreibung von Melodie, Tempo und Rhythmus einfallen.
Sprecht darüber, welches Element bei den einzelnen Stücken überwiegend für die Wirkung des Stückes verantwortlich ist!

Unabhängig davon, wie die Musik in Tempo, Melodie und Rhythmus gestaltet ist, kann die Wirkung von Musik auch schädlich sein: Bei zu großer Lautstärke werden die Gehororgane des Menschen geschädigt.
Die Musik, vor allem bei Rock-Konzerten, übersteigt oft in der Lautstärke die sogenannte Schmerzschwelle. Wo diese Schmerzschwelle liegt, ist aus der Lärmtabelle zu entnehmen. Dezibel (dB) ist eine Maßeinheit für die Stärke von Geräuschen.

GERÄUSCHTABELLE	dB	
Rock – Konzert	130	Schmerzgrenze
Flugzeugmotor	120	
	110	schädlicher Lärm
	100	
Motorrad	90	
	80	lästiger Lärm
	70	
Telefon	60	
	50	
Flüstern	40	
	30	Ruhe
	20	
Atmen	10	
	0	Hörschwelle

Töne, die taub machen

Rockgruppen hauen immer lauter auf die Pauke

Bei Konzerten von Rockgruppen und in Diskotheken geht es immer lauter zu. Messungen ergaben Werte um 120 Dezibel: Das ist die sechsfache Lautstärke normalen Straßenverkehrs, die vierfache eines großen Fernlasters und die zweifache eines Gewitterdonners. Musikexperten meinen, mangels musikalischer Neuheiten könne die Popszene nur noch durch mehr Lautstärke für mehr Nervenkitzel sorgen. Ohrenärzte diagnostizieren allerdings einen weitaus ernsteren Tatbestand: Durch jahrelange Rockberieselung sei das Gehör vieler junger Musikfans schon so geschädigt, daß sie die Musik der einst als Krachmacher apostrophierten Beatles schon als zu leise empfinden.

Psychologen haben noch eine dritte Deutung gefunden. Wie der „Bundesverband der Innungskrankenkassen" (IKK) jetzt in einer Untersuchung feststellte, beeinflußt Beat- und Rockmusik direkt das Nervensystem: „Dabei werden die Streßhormone Adrenalin und Nor-Adrenalin in den Kreislauf geschickt. Die Jugendlichen genießen das Rauschartige, die Hochstimmung dieses Zustands." Wie bei jedem Rausch bedarf es einer ständig wachsenden Dosis, um „high" zu werden. Die Untersuchung kommt zu dem Schluß, daß bestimmte Töne krank machen können: unabhängig von der Lautstärke. „Dazu gehört die schwierige moderne Orchestermusik und die laute Musik der Diskotheken." Bei Musikern, die moderne Orchestermusik spielen, seien bereits Nervosität, Kreislauf- und Herzbeschwerden, Schlafstörungen und Magenleiden festgestellt worden. Erwachsene, die widerwillig Rock und Beat mit anhören müssen, zeigen Aggressionen, Neurosen, Herzklopfen, Magen- und Darmkrankheiten. Die Schwelle, bei deren Überschreiten auch junge Leute Musik als Lärm empfinden, liegt bei Jugendlichen wesentlich höher. Allerdings: „Die Lautstärke, die in Beatkellern zuweilen 120 Dezibel erreicht, ist auch für junge Ohren schädlich."

Etwa 70 Prozent aller Schüler erledigen heute ihre Hausaufgaben bei Musikberieselung. Aber mit Musik geht nicht alles besser: Konzentrationsvermögen und Merkfähigkeit nehmen ab. Ärzte warnen, aus dem Kreis der Dauerkonsumenten zu lauter Musik wachse eine Generation von Schwerhörigen und Nervenbündeln heran. **Horst Zimmermann**

(Tagesspiegel vom 5. September 1976)

1. Zählt verschiedene Wirkungen von Musik auf den Menschen auf!
2. Von welchen Bestandteilen der Musik hängt ihre Wirkung unter anderem ab?
3. Bei welcher Lautstärke fängt Musik an, den menschlichen Organismus zu schädigen?

Musik am Steuer wirkt verschieden

Untersuchungen über Reaktion von Autofahrern

Tsp. **Bonn.** Heiße und laute Musik aus dem Auto-Radio kann manchmal die Verkehrssicherheit gefährden. Zu diesem Ergebnis kamen neue Bonner Untersuchungen. Vor allem Beat macht bestimmte Autofahrer aggressiver. Im Auftrage des Bundesverkehrsministeriums ermittelte die Bundesanstalt für das Straßenwesen, daß es drei Typen von Autofahrern gibt:

1. Der ängstliche Fahrer. Er fühlt sich stets gehetzt, fährt eher defensiv und hat dabei Unlustgefühle.

2. Der selbstsichere Fahrer. Er ist in seine eigene Fahrweise verliebt und fühlt sich überlegen.

3. Der kampfeslustige Fahrer. Er fühlt sich ständig zur Konkurrenz mit anderen Kraftfahrern herausgefordert.

Der Bonner Verhaltungsforscher Kneutgen fand durch Tests an mehreren hundert Personen heraus, daß Musik am Steuer auf diese Gruppen verschieden wirkt: Ängstliche Fahrer werden durch flotte, fröhliche Klänge gelockert, entkrampft und sicherer gemacht. Selbstsichere und Kampfeslustige hingegen werden dadurch veranlaßt, noch riskanter zu fahren als gewöhnlich. Sie versuchen ständig zu überholen, ihre Haltung, ja sogar ihre Gesichtsmuskeln straffen sich, ihre Herzfrequenz nimmt zu.

Kneutgen kommt zu dem Schluß, jeder Autofahrer müsse sich seines Fahrstils bewußt werden und seine Auto-Musik danach aussuchen. Beim Kolonnenfahren empfehle sich z.B. meist Kolonnenfahren empfehle Für monotone Nachtfahrten seien „südamerikanische Klänge ohne Text" angebracht.

(Tagesspiegel vom 19. Mai 1976)

Lest den Zeitungsartikel »Töne, die taub machen« und den Zeitungsartikel über die Wirkung von Musik auf Autofahrer. Überlegt, welcher Typ von Autofahrer bei welcher Musik den abgebildeten Unfall verursacht haben könnte.

1.4 Musik bei den Hausaufgaben

Viele Schüler hören Musik, wenn sie lernen oder Hausaufgaben machen.

Stellt fest, wie viele Schüler aus Eurer Klasse Musik zu den Hausaufgaben hören. Benutzt dabei die drei Antworten: immer, oft, selten. Tragt das Ergebnis auf dem Arbeitsbogen ein. **A7/A8**
Laßt Euch von einigen Schülern begründen, warum sie Musik zu den Hausaufgaben hören, oder warum sie keine Musik zu den Hausaufgaben hören. Tragt die häufigsten Antworten auf dem Arbeitsbogen ein.
Es stellt sich die Frage, wie die Musik die Ergebnisse des Lernens beeinflußt: Gut, gar nicht, schlecht?
Welche Meinung habt Ihr zu dieser Frage? Stellt die in Eurer Klasse überwiegende Meinung fest und tragt sie auf dem Arbeitsbogen ein.

Zu dieser Fragestellung soll nun ein Versuch gemacht werden. Natürlich klappt dieser Versuch nur, wenn sich jeder Schüler bei beiden Aufgaben gleich anstrengt.
Zwei gleich schwierige Rechenaufgaben sollen einmal mit Musik und einmal ohne Musik gelöst werden. Es handelt sich jeweils um 30 Spalten, die von oben nach unten zu lösen sind.
Die erste Zahl wird mit der zweiten multipliziert, die dritte wird dazu addiert und die vierte wieder davon subtrahiert.

Für jede Aufgabe habt Ihr 5 Minuten Zeit. Die Ergebnisse tragt auf dem Arbeitsbogen ein, oder schreibt sie auf einen Zettel.

1. Mit Musik

3	5	4	7	1	9	6	4	8	6	3	2	1	5	4	6	7	4	5	2	8	4	9	2	5	4	2	3	6	4
×	×	×	×	×	×	×	×	×	×	×	×	×	×	×	×	×	×	×	×	×	×	×	×	×	×	×	×	×	×
1	4	5	2	8	6	9	4	3	6	5	7	2	8	5	3	4	7	1	2	9	4	3	7	5	2	4	1	7	4
+	+	+	+	+	+	+	+	+	+	+	+	+	+	+	+	+	+	+	+	+	+	+	+	+	+	+	+	+	+
3	5	2	8	6	4	7	3	2	6	4	8	4	1	5	2	7	6	8	3	5	2	9	5	3	7	5	8	3	1
−	−	−	−	−	−	−	−	−	−	−	−	−	−	−	−	−	−	−	−	−	−	−	−	−	−	−	−	−	−
5	3	7	2	9	7	4	6	1	4	2	9	5	5	4	7	3	5	4	6	5	7	2	3	4	5	9	8	4	2
=	=	=	=	=	=	=	=	=	=	=	=	=	=	=	=	=	=	=	=	=	=	=	=	=	=	=	=	=	=

2. Ohne Musik

4	3	6	5	8	8	2	9	7	8	6	7	5	2	3	2	4	5	4	6	9	8	3	2	4	1	5	3	6	7
×	×	×	×	×	×	×	×	×	×	×	×	×	×	×	×	×	×	×	×	×	×	×	×	×	×	×	×	×	×
8	4	6	3	4	1	5	6	3	9	7	5	7	3	8	5	2	4	3	5	6	4	5	7	9	6	3	2	5	7
+	+	+	+	+	+	+	+	+	+	+	+	+	+	+	+	+	+	+	+	+	+	+	+	+	+	+	+	+	+
6	4	5	3	2	4	8	6	9	7	8	4	1	4	2	6	4	8	9	4	2	6	4	7	1	8	3	9	2	4
−	−	−	−	−	−	−	−	−	−	−	−	−	−	−	−	−	−	−	−	−	−	−	−	−	−	−	−	−	−
7	3	2	8	6	9	4	6	2	3	1	5	4	8	6	3	6	5	9	2	6	4	8	1	6	3	9	7	2	4
=	=	=	=	=	=	=	=	=	=	=	=	=	=	=	=	=	=	=	=	=	=	=	=	=	=	=	=	=	=

Überprüft Eure Ergebnisse und stellt fest, wieviel Reihen Ihr jeweils richtig gerechnet habt.
Stellt fest, wo Ihr mehr richtige Ergebnisse erreicht habt, mit oder ohne Musik!
Stellt für die ganze Klasse fest, wer mit und wer ohne Musik besser gerechnet hat. Bei wieviel Schülern ist kein Unterschied festzustellen?
Vergleicht das Ergebnis mit der Meinung, die Ihr vorher hattet.

Eine Untersuchung bei 2500 Schülern hat ergeben, daß bei Musik die Lernergebnisse im allgemeinen schlechter ausfallen als ohne Musik.
Lest Euch dazu den Zeitungsartikel durch!
Wenn Ihr den Artikel genau durchgelesen habt, könnt Ihr folgende Fragen beantworten:

1. *Welche Art von Musik beeinträchtigt das Lernen besonders?*
2. *Lenken bekannte oder unbekannte deutsche Schlager mehr ab?*
3. *Lenken bekannte oder unbekannte fremdsprachige Lieder mehr ab?*

Überlegt, ob Euch Erklärungsmöglichkeiten für die Ergebnisse der Untersuchung einfallen! Warum lenken z. B. unbekannte deutsche Schlager mehr ab als bekannte?

Aus der Untersuchung geht hervor, daß es auch von der Art der Musik abhängt, wie stark das Lernen beeinträchtigt wird.

Wenn Ihr ein Tonband zusammenstellen solltet mit Musik, die möglichst wenig stört, und die ganz im Hintergrund bleibt, wie müßte diese Musik sein?

Schularbeiten mit Pink Floyd

Gymnasiast untersucht Einfluß von Musik auf Konzentrationsvermögen

Musik im Hintergrund stört das Lernen, verschlechtert die Leistung und verringert die Konzentration beim Denken. Besonders beeinträchtigt sind Schüler, die ihre Hausaufgaben bei Beat- und Popmusik machen oder beim Lernen deutsche Schlager hören. Sind diese auch noch unbekannt, lenken sie zusätzlich ab. Von den fremdsprachigen Liedern dagegen schmälern die bekannten mehr als die unbekannten die Qualität der Leistung. Bei flotter Musik wiederum wird zwar rascher, dafür aber schlampiger gearbeitet.

Zu diesen Ergebnissen kam der 18jährige Gymnasiast Michael Herbert aus Wörth/Main aufgrund einer wissenschaftlich exakt durchgeführten Untersuchung für den Wettbewerb „Jugend forscht". Michael Herbert hatte 2500 Schüler einer Volksschule, einer Fachoberschule, seines eigenen Gymnasiums und eines Internats einer Reihe von Tests unterzogen und sie parallel dazu ausführlich interviewt.

Klassische Musik, so stellte er fest, übt allgemein den geringsten negativen Einfluß aus. Bemerkenswert aber ist doch, daß die Freunde der Klassik unter den Schülern sich von ihr stärker ablenken lassen als Schüler, die normalerweise nie Mozart, Schubert oder Bach hören, Pink-Floyd-Musik, bei der man sich angeblich hervorragend entspannen können soll — sie findet unter anderem beim autogenen Training Verwendung —, stört die Konzentrationsfähigkeit nach Michael Herberts Tests erheblich. Völlig unmöglich ist es für Schüler indes, bei Elektronenmusik die Gedanken auf die Hausaufgaben zu konzentrieren. Müssen verschiedenartige Aufgaben bewältigt werden, wirkt sich die musikalische Untermalung ungünstiger aus als wenn nur für ein Fach gelernt wird.

Die Umfrage zeigte, daß mehr als zwei Drittel der befragten Schüler (genau 70 Prozent) beim Hausaufgabenmachen Musik hören und sich damit, so Herbert, „der Gefahr aussetzen, daß ihre Leistungen nicht mehr so hoch sind, wie sie vielleicht sein könnten". Freilich ist das den Schülern keineswegs bewußt, ja noch schlimmer: Sehr viele von ihnen, besonders die aus den höheren Klassen, glauben oder erwarten, daß Musik im Hintergrund schneller arbeiten läßt, Leistung und Konzentration steigert und für das Denken anregend wirkt. Nicht wenige von ihnen wollen sich mit der Musik aber auch einfach über langweilige oder stumpfsinnige Hausaufgaben hinweghelfen.

Überraschend ist, daß vor allem ältere Schüler beim Hausaufgabenmachen mehr und häufiger Musik hören als ihre jüngeren „Kollegen". Besonders deutlich ist der Anstieg von der 6. zur 8. Klassenstufe. Der Höchststand wird in der 10. Klasse erreicht, wo 77 Prozent der Schüler Lernen mit Musik verbinden.

Die „Untersuchungen an Schülern über die Beeinflussung des Lern- und Konzentrationsvermögens bei ihren Hausaufgaben durch Musik", von Michael Herbert, der dafür nicht nur bayerischer Landessieger wurde, sondern auch den vom Bundesminister für Arbeit und Sozialordnung gestifteten Sonderpreis zum Thema „Humanisierunng der Arbeitswelt" erhielt, sowie den Sonderpreis des Bundeskanzlers für die schöpferisch beste Arbeit, sind auch vor einem anderen Hintergrund überraschend: Untersuchungen mit 30 Versuchspersonen im Forschungsinstitut der Karajan-Stiftung für experimentelle Musikpsychologie am Psychologischen Institut der Universität Salzburg haben nämlich genau entgegengesetzte Ergebnisse erbracht. Mit Musik im Hintergrund leistete man hier durchweg „mehr", ohne daß dadurch die Qualität der Leistung geschmälert wurde.

Renate I. Mreschar

(Tagesspiegel vom 10. 8. 1975)

Wählt aus den folgenden Möglichkeiten aus:
laut – leise
einfach – kompliziert
schnell – mittel – langsam
hart – weich

Sprecht über Eure Meinung und versucht sie zu begründen!
Hört Euch die Hörbeispiele an und schreibt bei jedem Stück auf, welche der Begriffe zutreffen. Welche der Stücke würdet Ihr für das Tonband auswählen? H 3

1.5 Musik im Supermarkt

In vielen Kaufhäusern und Supermärkten wird während der Verkaufszeit Musik abgespielt.

Kennt Ihr in Eurer Wohngegend solche Kaufhäuser und Supermärkte? Überlegt, welches Ziel der Besitzer eines Supermarktes verfolgen könnte, wenn er in seinem Geschäft Musik abspielen läßt. A 9

Meist handelt es sich bei der Musik, die in Kaufhäusern gespielt wird, um solche Musik, die nur für diesen Zweck gemacht wurde. In der Bundesrepublik und in West-Berlin gibt es einige Firmen, die auf die Produktion solcher Musik spezialisiert sind.
In Werbeprospekten dieser Firmen für Geschäftsinhaber heißt es:
»Musik läßt den Ort des Verkaufs freundlicher erleben. Sie beeinflußt und animiert zur schnellen und leichten Kaufentscheidung.« »Auch in Fachgeschäften wie Schuhgeschäfte, Juweliere etc. läßt ... Hintergrundmusik den Kunden den Ort des Verkaufs freundlicher erleben und ist somit imstande, die Kaufbereitschaft positiv zu beeinflussen ...«
»Musik ist eine der wunderbarsten Nebensachen. Menschen werden durch sie umgänglicher, bereiter Vertrauen zu schenken. Vertrauen zum Gegenüber, zur Sache, zum Entschluß.«

Welche der hier vorgebrachten Argumente könnten einen Geschäftsbesitzer veranlassen, die Musik dieser Firmen zu kaufen und abzuspielen?
Wo geht aus diesen Zitaten hervor, wie der Kunde des Geschäfts durch die Musik beeinflußt werden soll?

Wenn man weiß, welche Wirkung die Musik im Kaufhaus haben soll, so ist klar, daß sich nicht jede Musik dazu eignet. Dazu schreibt eine der Firmen in ihrem Prospekt:

»Die Wirkung von Musik auf die Stimmungslage des Menschen ist bekannt. Musik kann anregen oder aufregen, heiter oder traurig stimmen, entspannen oder nervös machen, stimulieren oder einschläfern. Es kommt also darauf an, die richtige Musik einzusetzen, wenn es darum geht, Gefühle und daraus entstehende Verhaltensweisen zu steuern. ... Hintergrundmusik ist eigens arrangiert und eingespielt mit dem Ziel, Menschen nicht zum Zuhören zu zwingen, sondern für Entspannung und Wohlbefinden zu sorgen.«

Welche der hier genannten Wirkungen von Musik darf Musik im Kaufhaus nicht haben? Überlegt, welche Art von Musik sich am besten als Hintergrundmusik eignet. Wie sollten dabei Eurer Meinung nach Rhythmus, Lautstärke und Tempo gestaltet sein?

Zwei Zitate, wieder aus Werbeprospekten, beschreiben die Art der Musik, die von den Firmen angeboten wird.

»... nur Instrumentalmusik – weder Gesang noch gesprochene Worte sind ... erlaubt, und diese Musikprogramme sind absolut frei von Aufmerksamkeit erregenden oder herausfordernden Bestandteilen.«

Welche Bestandteile von Musik könnten Aufmerksamkeit erregen?
Wie müßten diese Bestandteile gestaltet sein?

»Hintergrundmusik kann ihren Zweck nur erfüllen, wenn sie ganz bestimmte Merkmale hat, die nicht mit Maßstäben künstlerischen Empfindens oder Musikgenuß zu messen sind. Da jeder Mensch einen eigenen Geschmack hat, (der eine liebt Klassik, der andere Beat) darf diese Musik nicht aufdringlich sein. Sie darf bewußt kaum wahrgenommen werden und muß gleichermaßen für Jung und Alt, Dickfellige und Sensible, Männer und Frauen, Wohlbefinden vermitteln. So kommt nur instrumentale Musik in Frage. Diese Musik ist dynamisch nivelliert, indem der Unterschied durch Beschneiden der hohen und tiefen Töne weitgehend beseitigt ist. Da außerdem die Formen aufeinanderfolgender Musikstücke sich kaum voneinander unterscheiden, ist die Hörbarkeit der musikalischen Struktur fast ganz verschwunden. Im musikalischen oder künstlerischen Sinne wären diese Veränderungen ein großer Verlust oder Stilbruch, doch für den Zweck einer ... nur vage wahrgenommenen, wie aus der Ferne klingenden, rhythmischen Melodie, ist dies nach dem Urteil der beteiligten Wissenschaftler notwendig. Daraus geht hervor, daß man leise abgespielte Radio- oder Schallplattenmusik auf keinen Fall als Hintergrundmusik benutzen darf.«

Zum besseren Verständnis des Textes hier ein paar Worterklärungen: sensibel: empfindsam, feinfühlig; dynamisch nivelliert: Lautstärkeunterschiede innerhalb der einzelnen Stücke sind weitgehend beseitigt; vage: unbestimmt, ungenau.
Was wird in diesem Zitat über den Unterschied von Kaufhausmusik und künstlerischer Musik ausgesagt?

Hört Euch auf der Schallplatte die Ausschnitte verschiedener Instrumentalstücke an und tragt auf dem Arbeitsbogen ein, ob sie als Hintergrundmusik geeignet sind oder nicht. Wichtig ist dabei die Begründung! **H4**
Sprecht über die Ergebnisse.

Betroffen sind durch die Musik im Supermarkt vor allem zwei Gruppen von Menschen: Kunden und die Angestellten. Durch Interviews kann man herausbekommen, wie diese beiden Gruppen auf die Musik reagieren. Es wäre aber auch interessant, von dem Geschäftsführer eines Supermarkts zu hören, was er von der Hintergrundmusik hält.

Überlegt Euch Fragen, die man Kunden, Angestellten und dem Geschäftsführer stellen könnte!

Drei Interviewgruppen können nun mit dem Kassettenrekorder die Interviews machen und anschließend der Klasse vorspielen.
Folgende Gesichtspunkte sollten bei der Auswertung der Interviews im Vordergrund stehen:

Die Kunden:
Bemerken die Kunden die Hintergrundmusik, wird sie bewußt wahrgenommen?
Ob die Hintergrundmusik bewußt wahrgenommen wird, kann man daran erkennen, ob sich die Kunden nach Verlassen des Geschäftes noch an bestimmte Stücke erinnern können.
Glauben die Kunden, daß sie durch die Wirkung der Hintergrundmusik mehr kaufen, als sie eigentlich wollten?
Halten die Kunden Musik im Supermarkt für gut oder schlecht?
Glauben die Kunden, daß man sich gegen den Einfluß der Musik auf das Kaufverhalten schützen kann. Wenn ja, wie?

Die Angestellten:
Finden die Angestellten die Musik bei der Arbeit gut oder schlecht?
Welche Auswirkung hat nach Meinung der Angestellten die Musik auf sie?
Dürfen die Angestellten bei der Auswahl der Musik mitbestimmen?

Der Geschäftsführer:
Welche Wirkung erhofft er sich von der Musik?
Ist die erhoffte Wirkung auf das Kaufverhalten der Kunden wirklich eingetreten?
Findet er es richtig, die Kunden auf diese Weise zu beeinflussen?

Sammelt die Ergebnisse der Auswertung und diskutiert darüber!
Welchen Tip würdet Ihr den Kunden geben, damit sie von der Musik im Supermarkt möglichst wenig beeinflußt werden?

1. Warum wird in vielen Supermärkten Musik abgespielt?
2. Welche Wirkung soll die Musik im Supermarkt auf den Käufer haben?
3. Welche Art von Musik eignet sich als Hintergrundmusik?

2. Musik entsteht

2.1 Der Komponist

Bevor ein Musikstück gespielt werden kann, muß es erst »erfunden« werden. Dieses »Erfinden« nennt man in der Musik komponieren. Dementsprechend heißt derjenige, der ein Musikstück komponiert, Komponist.

Welche Namen von Komponisten fallen Euch auf Anhieb ein? A 10
Welche Art von Musik haben diese Komponisten komponiert? Vergleicht Kapitel 1, S. 6

Kennt Ihr Musikstücke, die von diesen Komponisten komponiert wurden?
Von welchen aktuellen Schlagern kennt Ihr den Komponisten?

An den Antworten auf diese Fragen ist vermutlich zu sehen, daß die meisten einerseits Namen von Komponisten kennen, von denen sie kaum Stücke kennen, andererseits viele Musikstücke kennen, deren Komponisten sie nicht wissen.

Wenn man einen Freund auf einen neuen Schlager aufmerksam machen will, so fragt man ihn:
»Kennst du schon das neue Lied von Theo Schnulze?«
Diese Frage ist eigentlich falsch, denn meist wurde das Lied nicht von dem Sänger komponiert, sondern von einem Komponisten. Der Sänger muß das Stück in der Regel nach ganz genauen Anweisungen singen, die ihm der Komponist oder Produzent gibt.

Vergleicht die beiden Schallplattenaufschriften und stellt fest, in welcher Reihenfolge Stück, Interpret (Sänger oder Spieler) und Komponist genannt werden. Achtet auch auf die Größe der Schrift.

Zu welchen Musikarten gehören die beiden Musikstücke?
Bei welcher Musikart spielt auf der Plattenaufschrift der Komponist eine größere Rolle?

In der Unterhaltungsmusik spielt der Komponist in der Regel eine völlig untergeordnete Rolle; kaum jemand kennt den Komponisten seines Lieblingsschlagers. Wichtig ist allein der »Star«, der das Stück singt.

Untersucht die Plattenaufschriften Eurer Lieblingsschlager und stellt fest, wer der Komponist der Stücke ist! A 11

1. Welche Namen von Komponisten aus der klassischen Musik kennt Ihr?
2. Was bedeutet in der Musik das Wort komponieren?
3. Welche Rolle spielt der Komponist in der Unterhaltungsmusik?

2.2 Das Thema

Die Grundlage eines Musikstückes besteht meist aus einem oder mehreren kurzen Stücken, die man Themen nennt. Als Thema bezeichnet man einen abgeschlossenen musikalischen Gedanken, der melodisch oder rhythmisch deutlich erkennbar ist. Das Thema ist meist der Teil eines Musikstückes, der deutlich im Gedächtnis haften bleibt und an dem man das Stück sofort wiedererkennt.

2.2.1 Yesterday

Eines der berühmtesten Stücke der neueren Unterhaltungsmusik ist das Lied »Yesterday«, das von Paul Mc Cartney komponiert wurde. Von »Yesterday« gibt es seit der ersten Schallplattenaufnahme, auf der Paul Mc Cartney das Lied selbst singt, über 2000 weitere Schallplattenaufnahmen mit anderen Sängern.

Hört Euch das Lied an und versucht, anhand der Noten mitzulesen! H 5
Yesterday besteht im wesentlichen aus zwei Themen. Hört Euch das Lied noch einmal an und versucht herauszuhören, welche diese beiden Themen sind.
Wer kann die beiden Themen vorsingen oder summen oder pfeifen?
Sucht die beiden Themen im Notenbild und übertragt sie auf den Arbeitsbogen! A 12/A 13

Um herauszubekommen, warum ein Thema gut erkennbar ist, muß man Melodie und Rhythmus des Themas genauer betrachten.

Überlegt, ob bei den beiden Themen von »Yesterday« der Rhythmus oder die Melodie wichtiger sind. Um diese Frage entscheiden zu können, ist es sinnvoll, sich die Melodie ohne den Rhythmus und den Rhythmus ohne die Melodie anzuhören. Beides könnt Ihr selbst spielen!
Untersucht die Melodie der beiden Themen anhand folgender Fragen:
Wieviel Takte hat das Thema?
Wie viele verschiedene Töne werden im Thema verwendet?
Welche der verwendeten Töne gehören nicht zur auf der nächsten Seite abgebildeten Tonleiter in F-Dur.

Verlag Northern (Intro Berlin)

Töne der F-Dur-Tonleiter im Notenraum

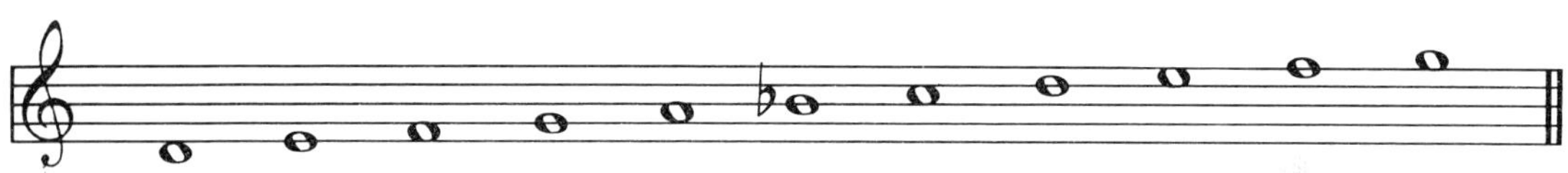

Welches ist der höchste und welches der tiefste Ton des Themas?
Welchen Tonumfang hat das Thema? Zählt genau die Anzahl der Töne vom tiefsten bis zum höchsten Ton des Themas an der Abbildung ab!
Welches der Ergebnisse ist Eurer Meinung nach besonders wichtig für den Aufbau des Themas?
Spielt die ersten drei Takte des ersten Themas und ersetzt dabei die beiden Töne, die nicht in der Tonleiter sind, durch die entsprechenden Töne der Tonleiter. Vergleicht die entstehende Melodie mit der Originalmelodie und stellt fest, ob die beiden Töne wichtig für die Erkennbarkeit des ersten Themas sind!
Vergleicht anhand Eurer Ergebnisse die beiden Themen und stellt die wichtigsten Unterschiede fest!

Für den Komponisten ist das Thema erst der Anfang seiner Arbeit! Folgende musikalischen Fragen muß er jetzt lösen, damit aus dem Thema ein Musikstück wird:
Wie oft und in welcher Reihenfolge sollen sich die Themen wiederholen?
In welchem Tempo soll das Stück gespielt werden?
Welche Stellen des Stückes sollen laut, welche leise gespielt werden?
Welche Instrumente sollen eingesetzt werden und wie sollen sie eingesetzt werden?

Versucht durch Anhören des Liedes herauszufinden, wie Paul Mc Cartney diese Fragen beantwortet hat, bevor das Stück so gespielt werden konnte, wie es auf der Schallplatte zu hören ist!

Führt diese Untersuchung auch an einem zur Zeit aktuellen Schlager durch!

Yesterday — John Lennon and Paul Mc Cartney

Yesterday, all my troubles seemed so far away
Now it looks as though they're here to stay,
Oh I believe in yesterday.
Suddenly, I'm not half the man I used to be,
There's a shadow hanging over me,
Oh yesterday came suddenly.

Why she had to go I don't know, she wouldn't say
I said something wrong, now I long for yesterday

Yesterday, love was such an easy game to play,
Now I need a place to hide away,
Oh I believe in yesterday.

Die Beatles, von links nach rechts: John Lennon, Ringo Starr, Paul Mc Cartney, George Harrison

Die Buchstaben und Zahlen über den Noten sind Bezeichnungen für die Akkorde, die auf der Gitarre zur Begleitung gegriffen werden müssen.

1. Was ist ein Thema?
2. Wieviele Themen enthält das Lied Yesterday?
3. Welche Überlegungen muß ein Komponist anstellen, wenn er ein Thema verarbeiten will?

2.2.2 Paul Mc Cartney

Paul Mc Cartney wurde 1942 in der englischen Industriestadt Liverpool geboren. Pauls Vater war Baumwollverkäufer und nahm später eine Stelle als Inspektor bei der Müllabfuhr an. Damit gehörten die Mc

Cartneys nicht mehr zu den armen Menschen von Liverpool. Als Paul in die Schule kam, gehörte er bald zu den besten in seiner Klasse und wechselte als 11-jähriger in eine höhere Schule. Zu dieser Zeit begann Paul sich für Musik zu interessieren. Die berühmtesten Sänger der Unterhaltungsmusik waren damals Bill Haley, Elvis Presley und Little Richard. Alle drei sangen harten Rock'n Roll. Paul bekam von seinem Onkel eine alte Trompete geschenkt und brachte sich das Spielen selbst bei. Nach kurzer Zeit konnte er Melodien nach dem Gehör nachspielen. Das wichtigste Instrument war damals in der Unterhaltungsmusik die Gitarre, und Paul sattelte von der Trompete auf die Gitarre um. Bald konnte er die wichtigsten Griffe auf der Gitarre spielen und die Schlager des Rock'n Roll begleiten.
1956 trat Paul Mc Cartney der Gruppe »The Quarrymen« von John Lennon bei. 1958

wurde die Gruppe zunächst in »Johnny and the Moondogs« umbenannt und schließlich nannte sie sich »The Silver Beatles«. Aus diesem Namen entstand zwei Jahre später der endgültige Name »The Beatles«.

Paul Mc Cartney wurde der Texter und Komponist der meisten Lieder der Beatles. Seine Kompositionen wurden weltberühmt und von vielen Orchestern, Bands und Sängern nachgespielt und nachgesungen. Die berühmteste Komposition von Paul Mc Cartney ist das Lied »Yesterday«.

In der Gruppe spielte Paul nicht mehr Gitarre, sondern Bass, er hatte in der Zwischenzeit aber auch Klavier gelernt.

Als sich die Beatles 1970 als Gruppe auflösten, begann Paul Mc Cartney zusammen mit seiner Frau eine neue Band aufzubauen: Die »Wings«. Auch diese Gruppe konnte innerhalb weniger Jahre große Erfolge erreichen.

2.2.3 Die »Fünfte« H 6

Wenn Musikliebhaber sagen: »Die Fünfte«, so meinen sie damit meist die 5. der neun Sinfonien von Ludwig van Beethoven. Eine Sinfonie ist ein Werk für Orchester und besteht in der Regel aus drei oder vier Teilen, die man Sätze nennt. Die 5. Sinfonie von Beethoven besteht aus vier Sätzen, von denen der 1. Satz wegen seines Hauptthemas am bekanntesten ist.

Neben dem Hauptthema gibt es in den Sätzen einer Sinfonie jeweils noch weitere Themen, die man als Seitenthemen bezeichnet.

Die Satzbezeichnung »Allegro con brio« bedeutet, daß der Satz »schnell mit Feuer« gespielt werden soll. ff (fortissimo), f (forte) und p (piano) sind Lautstärkenbezeichnungen und bedeuten sehr laut, laut und leise (vergleiche dazu Kap. 10.7).

Vereinfachte Darstellung des Themas aus dem 1. Satz

Das Zeichen 𝄐 heißt Fermate und bedeutet, daß der Ton etwas länger ausgehalten werden soll, als es der Notenwert eigentlich vorschreibt.

Charakteristisch für das Thema ist der Rhythmus. Betrachtet das Notenbild und stellt anhand der Notenwerte fest, welcher Rhythmus sich immer wieder wiederholt. A 14

Versucht den Rhythmus des Themas nachzuspielen. Dazu könnt Ihr alle Rhythmusinstrumente verwenden, über die Ihr an der Schule verfügt.

Teilt den Rhythmus ab Takt 6 auf vier Schüler auf, die jeweils hintereinander den Grundrhythmus spielen. Ab Takt 18, 2. Achtel spielen vier Schüler dasselbe. Achtet auf die Lautstärkebezeichnungen.

Die ersten 5 Takte, die das Thema einleiten, sind melodisch durch einen Terzsprung nach unten charakterisiert.

Stellt die Stellen fest, in denen die Melodie innerhalb der ersten 5 Takte um eine Terz nach unten springt.

Versucht den Melodieverlauf ab Takt 6 graphisch darzustellen und betrachtet das Ergebnis. Was fällt an der Melodieführung auf?

Versucht die Melodieführung auf Stabspielen nachzuahmen!

Kehrt die Melodieführung um: Macht aus Aufwärtsbewegungen Abwärtsbewegungen und umgekehrt. Spielt diese Umkehrung! Sprecht darüber, welche Wirkung Abwärtsbewegungen und melodische Aufwärtsbewegungen auf Euch haben.

Hört Euch das auf das Hauptthema folgende Seitenthema an und vergleicht es hinsichtlich Rhythmik, Melodik und Dynamik mit dem Hauptthema.

Laßt Euch Themen anderer Werke vorspie-

len und untersucht diese auf ihre wesentlichen Merkmale.

1. Für welche Instrumentalbesetzung wird eine Sinfonie geschrieben?
2. Wieviele Sätze hat eine Sinfonie in der Regel?
3. Auf welchem Intervall baute Beethoven das Hauptthema des 1. Satzes auf?
4. Wie nennt man die Themen, die neben dem Hauptthema in dem Satz einer Sinfonie noch verarbeitet werden?

2.2.4 Ludwig van Beethoven

Beethovens Vater war Sänger beim Hofe in Bonn. Fast alle Musiker außer dem »fahrenden Volk«, das für die einfachen Leute spielte, waren in der damaligen Zeit Angestellte der Fürsten und Bischöfe. Diese Musiker wurden sehr schlecht bezahlt, ihr Gehalt reichte gerade aus, um die Familie zu ernähren.

Beethoven hatte also keine reichen Eltern, doch kam er durch den Beruf des Vaters schon in frühester Kindheit mit Musik und Musikern in Berührung. Der Vater bildete Beethoven schon im Alter von 4–6 Jahren am Klavier, der Geige, der Bratsche und der Orgel aus. Diese Ausbildung geschah nicht ohne Zwang. Es gibt eine Anekdote, wonach »der trunksüchtige Vater das schlafende Büblein aus dem Bett ans Klavier zerrte, um es bis in die frühen Morgenstunden mit Übungen zu foltern«. Der Vater hatte dabei wohl das Beispiel Mozarts vor Augen, dessen Vater mit seinem kleinen Sohn viel Geld verdient hatte.
Der junge Beethoven machte rasche Fortschritte auf musikalischem Gebiet und fing

auch sehr früh an, eigene Stücke zu komponieren. Mit 15 Jahren war Beethoven bereits 2. Hoforganist mit einer Bezahlung von 150 Gulden.
Beethoven war sehr ehrgeizig, und wenn er musikalisch weiterkommen wollte, so mußte er Bonn verlassen und nach Wien gehen. Wien war Ende des 18. und Anfang des 19. Jahrhunderts die führende Musikstadt, in der viele bekannte Komponisten lebten. Man bezeichnet diese Zeit deshalb in der Musikgeschichte auch als »Wiener Klassik«. 1792 ging Beethoven nach Wien und ließ sich von dem Komponisten Joseph Haydn weiter ausbilden. Er war ein sehr guter Klavierspieler und lebte von Konzerten und dem Verkauf seiner Kompositionen. Weiteres Geld bekam er von Adeligen, denen er seine Werke widmete.
Gehört wurde Beethovens Musik nur von den Adeligen und den reichen Bürgern, die Mehrheit der Bevölkerung hatte weder das Geld noch die Kleidung, um in ein Konzert zu gehen. Konzerte fanden entweder privat bei angesehenen und reichen Leuten statt oder als öffentliche Konzerte in Konzertsälen.
Sehr früh stellte sich bei Beethoven eine Krankheit ein, die in keinem anderen Beruf so schlimm ist wie bei einem Musiker: Sein Gehör versagte immer mehr. Das Gehörleiden begann bei Beethoven bereits 1794, also mit 24 Jahren. Lange Zeit konnte er der Umwelt sein Leiden verheimlichen, doch je schlimmer es wurde, desto unmöglicher wurde dies. Beethoven komponierte einige seiner bekanntesten und besten Werke, als er bereits fast völlig taub war. Er konnte sie selbst nicht mehr aufgeführt hören, auch nicht mehr dirigieren.
Im Jahre 1827 starb Beethoven an einer schweren Krankheit. Welcher Art diese Krankheit war und wie sie zu heilen gewesen wäre, ist auch heute noch nicht bekannt.

Welche Ereignisse in Beethovens Kindheit haltet Ihr für Voraussetzungen dafür, daß er ein sehr guter Musiker und Komponist werden konnte?
Wodurch ist es heute möglich, daß Menschen, die nicht in Konzerte gehen können oder wollen, jederzeit klassische Musik hören können?
Diskutiert darüber, wie es möglich ist, trotz Taubheit noch Musik zu »hören« und zu komponieren!

1. In welchem Jahrhundert lebte Beethoven?
2. In welchem Alter begann Beethoven mit dem Instrumentenspiel?

3. In welcher Stadt lebte Beethoven hauptsächlich?
4. Woher bekam Beethoven das Geld zum Leben?
5. Welches Leiden behinderte Beethovens Arbeit?

2.3 Die Variation

Variation nennt man in der Musik die Abwandlung eines Themas. Sie ist eine der einfachsten Formen der Verarbeitung eines Themas. Das Wort Variation kommt von dem Wort variieren, das soviel wie »verändern« heißt.

Verändert werden in der Variation meist nur wenige musikalische Elemente, so daß das Thema noch gut erkennbar bleibt. Früher wurde ein Pianist auch danach beurteilt, wie gut er aus dem Stegreif ein Thema variieren konnte. Ein Meister in der Kunst der Stegreifvariation war Wolfgang Amadeus Mozart schon in frühem Kindesalter. Die 12 Variationen über das französische Volkslied »Ah, vous dirai-je, maman« sind allerdings keine Stegreifvariation, sondern sie wurden von Mozart als Klavierstück geschrieben.

Hört zunächst das Thema der Variationen und versucht beim Hören festzustellen, aus wieviel verschiedenen Teilen das Thema besteht. **H 7**

Bezeichnet die verschiedenen Teile entsprechend dem Alphabet und schreibt beim zweiten Anhören die Reihenfolge der Teile mit. **A 15**

Versucht, das Thema auf Stabspielen zu spielen. Vergleicht die Reihenfolge mit derjenigen des Liedes Yesterday!

Versucht bei der 2. Variation des Themas herauszuhören, was an dem Thema verändert wurde! **H 8**

Hört das Thema ein drittes Mal und versucht die Melodie anhand der Noten mitzulesen, damit ihr wißt, welche Note welchem Stück der Melodie entspricht.

Die beiden unten abgebildeten Notenzeilen geben die Stimmen für die rechte Hand des Pianisten bei der Vorstellung des Themas und bei der 2. Variation des Themas wieder. Dabei sind zum leichteren Vergleich die Takte genau untereinander gesetzt.

Vergleicht die Notenbilder von Thema und Variation II und kreuzt auf dem Arbeitsbogen bei Variation II die Töne an, die aus der ursprünglichen Melodie des Themas übernommen wurden. Stellt fest, wo in der Melodiestimme Töne weggelassen wurden oder Töne hinzugefügt wurden.

Stellt auf der nächsten Seite fest, welcher Unterschied zwischen der ursprünglichen Begleitung des Themas und der Begleitung bei der 2. Variation besteht.

Hört Euch die 2. Variation an und sprecht darüber, ob sich die Wirkung des Stückes durch die Variation verändert hat.

Thema

Variation II

Wenn man die 5. Variation hört, (**H 9**) so stellt man fest, daß hier das Thema vor allem rhythmisch verändert wurde. Es entsteht der Eindruck eines Frage- und Antwortspieles. Die rechte Hand des Klavierspielers fragt, die linke antwortet, dann fragt die linke Hand und die rechte antwortet. Die rechte Hand des Pianisten spielt die oberen Notenzeilen, die linke Hand die unteren.

Hört Euch den 2. Satz der Sinfonie Nr. 94 (»Sinfonie mit dem Paukenschlag«) von Joseph Haydn an und sprecht darüber, wie Haydn das Thema dieses Satzes variiert hat. **H 10**

Variation V

Zeichnet auf dem Arbeitsbogen senkrechte Pfeile ausgehend von den Noten, von den oberen Notenlinien in die unteren und umgekehrt. Was ist dabei festzustellen?

Stellt fest, in welchem Takt sich Frage und Antwort umkehren!

Spielt auf Rhythmusinstrumenten den Rhythmus der 5. Variation.

Dabei übernimmt ein Spieler die oberen Noten, ein anderer Schüler die unteren. Versucht, den Rhythmus durch Abwechseln der linken und rechten Hand zu spielen.

Das Wiederholungszeichen

Um in der Notenschrift zu sagen, daß ein Teil eines Musikstückes wiederholt werden soll, bedient man sich dieses Zeichens: ll: Noten :ll. Dies bedeutet, daß der zwischen den Zeichen liegende Teil eines Musikstückes noch einmal gespielt werden soll. Der 1. Teil des Wiederholungszeichens kann wegfallen, wenn der Beginn der Wiederholung am Beginn des Musikstückes liegt.

Der Bindebogen

Werden zwei Noten gleicher Tonhöhe durch einen Bogen verbunden, z.B. ♩‿♩, so bedeutet das, daß die zweite Note nicht neu gespielt wird, sondern weiterklingt. Die Länge des Tones entspricht also der der beiden verbundenen Noten zusammen. Der Bindebogen wird vor allem dann benutzt, wenn ein Ton über einen Taktstrich hinaus weiterklingen soll. Oft wird der Bindebogen auch als Haltebogen bezeichnet.

1. Was ist eine Variation?
2. Welche Bestandteile des Themas werden von Mozart in den Variationen II und V variiert?
3. Was bedeutet das Zeichen: ll ?
4. Was bedeutet ein Bindebogen?

2.3.1 Wolfgang Amadeus Mozart

Im Jahre 1756 wurde Mozart in Salzburg geboren und auf die Namen Johannes Chrysostomus Wolfgangus Theophilus getauft. Die heute bekannten Vornamen Wolfgang Amadeus beruhen auf den beiden letzten Vornamen. Der Name Amadeus hat dieselbe Bedeutung wie Theophilus.

Mozarts Vater Leopold war Musiker am Salzburger Hof und bekleidete dort den Posten eines Vizekapellmeisters. Leopold Mozart war kein überragender Musiker und seine Bekanntheit reichte kaum über Salzburg hinaus, lediglich durch eine Schule für Geige war er hervorgetreten. Als Leopold Mozart das frühe Interesse seines Sohnes für die Musik bemerkte, entschied er sich, Wolfgang intensiv auszubilden. Bereits im Alter von 4 Jahren mußte das Kind hart und stundenlang arbeiten, um Klavier, Geige und Komposition zu erlernen. Getrieben vom Ehrgeiz des Vaters und dessen Wunsch, mit dem Sohn seinen Lebensunterhalt zu verbessern, wurde aus Wolfgang ein sogenanntes »Wunderkind«, das schon mit sechs Jahren seine Instrumente so beherrschte, daß es sich mit erwachsenen Musikern messen konnte.

Ab dem 6. Lebensjahr war die Familie Mozart ständig auf Konzertreisen, das Wunderkind wurde in Europa herumgereicht wie eine Zirkusattraktion. Da es Konzerte im heutigen Sinne zu dieser Zeit noch nicht gab, ging die Reise von Hof zu Hof. Ab 1763 – Mozart war gerade 7 Jahre alt – stand eine dreieinhalbjährige Reise auf dem Programm: München, Mannheim, Paris, London, Den Haag, wieder Paris, Zürich, Donaueschingen und wieder München. In diesem Stil ging es noch jahrelang weiter. Es ist verständlich, daß es dem Kind gefiel, überall bewundert zu werden und ständig im Mittelpunkt zu stehen.

Aber auch Mozart mußte schließlich den Weg fast aller »Wunderkinder« gehen. Je älter er wurde, desto uninteressanter wurde er für die Menschen, die immer auf neue Sensationen aus waren, und für die die Qualität seiner Musik gar nicht so wichtig war.

So begann 1777 der Leidensweg Mozarts. Auf einer völlig erfolglosen Konzertreise starb seine Mutter in Paris an Typhus. Der 21jährige kehrte völlig mittellos nach Salzburg zurück. Von allem Geld, das der Vater mit dem Sohn verdient hatte, war nichts mehr übrig.

Gegen den Willen seines Vaters, der bis zum 21. Lebensjahr völlig das Leben Mozarts bestimmt hatte, heiratete Wolfgang

Letztes Konzert!

Der Knabe Mozart, noch nicht sieben Jahre alt, wird nicht nur Konzerte auf dem Clavecin, sondern auch ein Konzert auf der Violine spielen, Symphonien mit dem Klavier akkompagnieren, die Tastatur mit Tuch gänzlich verdecken und auf dem Tuch so gut spielen, als ob er die Klaviatur vor Augen hätte. Töne, die man einzeln oder in Akkorden auf dem Klavier oder auf allen nur denkbaren Instrumenten, Glocken, Gläsern, Uhren usw. anzugeben imstande ist, genauest benennen.

Mozart spielt während eines Tees im Hause des Fürsten Conti (Gemälde von Michél Barthélemy Ollivier, 1766)

Amadeus die Sängerin Konstanze Weber, doch die Ehe brachte ihm nicht das Glück, das er sich von ihr erwartet hatte. Von Salzburg ging Mozart 1782 an den Hof in Wien, wo er nie mehr an die Erfolge der Wunderkindzeit anknüpfen konnte. Mozarts letzte Jahre waren bestimmt von vergeblichen Konzertreisen, häufigen Wohnungswechseln, Bettelgängen, Krankheit und seelischer Verzweiflung.

An einem regnerischen Tag im Dezember 1791 wurde Wolfgang Amadeus Mozart beerdigt. Nur eine Handvoll Menschen hatte sich an seinem Grab eingefunden. Die Mittel hatten nicht einmal mehr zu einem eigenen Grab gereicht; einer der besten Komponisten der letzten Jahrhunderte endete im Armengrab.

Mozarts musikalisches Werk umfaßt Stücke für praktisch alle zu seiner Zeit eingesetzten Instrumente und Instrumentalzusammenstellungen. Er komponierte Opern, Lieder, Choräle, Messen.

Herr von Köchel hat sich die Mühe gemacht, ein vollständiges Verzeichnis der Werke Mozarts herauszugeben. Während bei fast allen Komponisten die Werke mit der Bezeichnung Opus (=Werk) und einer Nummer versehen sind, heißt es deshalb bei den Werken Mozarts »Köchelverzeichnis Nr. soundso«.

Gibt es heute auch noch das Problem der »Wunderkinder«?

Würde Euch ein Leben gefallen, wie es der junge Mozart führte?

Betrachtet das Gemälde, das Mozart bei einem Konzert in Paris zeigt, und stellt fest, womit sich die Zuhörer beschäftigen. Schüler, die schon einmal in einem Konzert waren, sollten zum Vergleich von ihren Erfahrungen berichten.

1. In welcher Stadt wurde Mozart geboren?
2. Welchen Beruf hatte Mozarts Vater?
3. In welchem Alter begann Mozart mit dem Instrumentalspiel?
4. Wie alt war Mozart bei seiner ersten Konzertreise?
5. Wie verliefen die letzten Lebensjahre Mozarts?
6. Wie heißt das Verzeichnis der Werke Mozarts?
7. In welchem Jahrhundert lebte Mozart?

3. Musik wird produziert

3.1 Das Tonstudio

Fast alle Musikaufnahmen für Schallplatten und Rundfunk werden in Tonstudios gemacht.
Ein Tonstudio besteht im wesentlichen aus zwei Räumen:

1. Der Raum in dem die Musiker spielen, und
2. der Raum, in dem der Tonmeister oder Toningenieur die Aufnahme technisch kontrolliert, regelt und auf Tonband aufnimmt.

Die beiden Räume sind durch eine Gegensprechanlage verbunden und der Tonmeister kann durch schalldichtes Glas die Musiker sehen.

Während der Aufnahme hört der Tonmeister über Lautsprecher die Aufnahme bereits so mit, wie sie von dem Tonband aufgenommen wird. Er unterbricht die Musiker, wenn sie etwas nicht richtig gespielt haben und läßt die Aufnahme wiederholen. Dies geht so lange, bis die Musik bis zum letzten Ton richtig gespielt ist.

Überlegt, weshalb die beiden Räume schalldicht voneinander isoliert sein müssen und weshalb ein Sichtfenster zwischen den beiden Räumen sinnvoll ist.

Der Toningenieur ist für die technische Qualität der Aufnahme verantwortlich. Sein »Instrument« ist das Mischpult. Am Mischpult regelt er die Aufnahme der verschiedenen Instrumente, wobei für jedes Instrument meist eine eigene Tonbandspur verwendet wird. Ein Studiotonbandgerät hat meist 16 Tonspuren und jede dieser Spuren läßt sich vom Mischpult aus getrennt aussteuern und auch noch getrennt mit Effekten wie Echo oder Hall versehen.
Wenn alle Instrumente aufgenommen sind und die Musiker längst das Studio verlassen haben, beginnt die eigentliche Arbeit des Toningenieurs. Aus 16 Spuren der Aufnahme müssen nun 2 Spuren für das Stereoband für den Rundfunk oder die Schallplattenfirmen gemacht werden. Diese Arbeit nennt man »Endmischung«. Auf dem 16-Spur-Tonband sind meist alle Instrumente gleich laut aufgenommen. In der Endmischung wird nun erst der eigentliche Klang des Stückes produziert. Der Tonmeister entscheidet – meist zusammen mit dem Komponisten – welches Instrument auf der Aufnahme laut und welches leise zu hören sein soll, ob die Stimme des Sängers durch Halleffekte etwas voller gemacht werden soll usw.

1. Aus wieviel Räumen besteht ein Tonstudio mindestens?
2. Welche Aufgabe haben diese Räume bei einer Aufnahme?
3. Wie heißt das wichtigste technische Gerät in einem Tonstudio?
4. Welchen Beruf hat der Mann, der dieses Gerät bedient?
5. Nenne zusätzliche Musikeffekte, die in einem Studio produziert werden können.
6. Wie nennt man die Überspielung eines 16-Spur-Tonbandes auf ein 2-Spur-Tonband für die Schallplattenproduktion?

Das Bild auf S. 24 zeigt den Aufnahmeraum eines modernen Tonstudios. Durch das Fenster (Bild oben rechts) hat der Toningenieur im Regieraum (Bild S. 25 rechts) Blickkontakt zu den Musikern und dem Dirigenten.
Das Bild oben zeigt, wie Tonaufnahmen früher gemacht wurden. Um 1920 wurde die Stimme eines Indianerhäuptlings auf Schallplatte aufgenommen.

3.2 Die Studioaufnahme

Die meisten Tonaufnahmen für Schallplatten werden in Studios gemacht. Wie kommen sie zustande?

Die Art und Weise, wie Tonaufnahmen in den Studios meist produziert werden, soll hier an dem Schlager »Ramaya« gezeigt werden.

Der Text des Liedes erzählt von einem afrikanischen Mädchen, das bei den Männern ihres Stammes sehr begehrt ist. Jeder will mit ihr tanzen und sie für sich alleine gewinnen, doch RAMAYA, so heißt das Mädchen, will frei bleiben und lacht alle Männer aus.

Komponiert wurde RAMAYA von dem Toningenieur Stan Regal, den Text schrieb der Sänger Afric Simone.

Hört Euch das Lied an und verfolgt es anhand der Noten und des Textes. Schreibt auf, welche Instrumente Ihr hört. H 11

Take:	1	2	3	4	5	6	7	8	9	10	11	12	13	14	15	16
Ramaya	Bass	Kl. Trommel	Gr. Trommel	Holzschlag + Percussion	Klavier	Tom-Toms	Git 12 Str.	Chor I.	Klavier	Chor II.	Tromp.	Vocal I.	Chor III.	Tambourin	Voc. II + Git	Conga

Auf dieser Liste ist die Aufteilung der Instrumente und des Gesanges auf die 16 Spuren des Studiotonbandes festgehalten (Take bedeutet Aufnahme oder Stück).

Schlagzeug und Elektrobaß bei einer Aufnahme im Tonstudio

3.3 Die Führungsspur

Fast alle Schallplattenaufnahmen werden heute im Playbackverfahren hergestellt. Play back heißt »spiel nach« und ist der Fachausdruck dafür, daß die einzelnen Spuren des Tonbandes nicht gleichzeitig, sondern nacheinander bespielt werden. Die Musiker hören dabei im Kopfhörer immer das, was schon auf den anderen Spuren aufgezeichnet wurde und spielen nun ihren Teil auf die für ihr Instrument vorgesehene Tonbandspur. Die Studiotonbänder laufen mit einer Geschwindigkeit von 38 cm pro Sekunde (viermal so schnell wie ein normales Heimtonbandgerät) und haben 16 bis 20 Spuren (deshalb sind die Bänder auch fünfmal so breit wie ein normales Tonband). Es können also bis zu 20 einzelne Instrumente nacheinander das Band bespielen. Läßt man mehrere verschiedene Instrumente gleichzeitig eine Spur bespielen, so erhöht sich die mögliche Anzahl der Instrumente natürlich.

Die Frage ist jetzt, welches Instrument bespielt die erste Spur, nach der die anderen Musiker dann spielen sollen. Wenn man etwas überlegt, leuchtet schnell ein, warum man für diese erste Spur, die sogenannte Führungsspur, ausgerechnet das Schlagzeug und den Baß nimmt.

Oft besteht die Führungsspur – wie in diesem Falle – aber gar nicht aus nur einer Spur, sondern aus drei Spuren. Auf einer ist der Baß, auf der zweiten nur die Baßtrommel des Schlagzeuges und auf der dritten der Rest des Schlagzeuges.

Das hat den Vorteil, daß der Toningenieur später bei der Endmischung die drei Spuren einzeln so regeln kann, wie er es am besten findet.

Hört Euch einen Teil der Führungsspur auf der Schallplatte an! H 12

1. Was bedeutet der Begriff »Playback« in der Studiotechnik?
2. Mit welcher Geschwindigkeit laufen Studiotonbandgeräte?
3. Welche Instrumente bespielen meist die Führungsspur?

3.4 Die Rhythmusgruppe

Nachdem die Führungsspur aufgenommen wurde, spielen meist die restlichen Rhythmusinstrumente gleichzeitig oder nacheinander auf andere Spuren des Tonbandes.

Hört Euch diese Rhythmusinstrumente zusammen mit Baß und Schlagzeug an. H 13

Auf diesem und einigen folgenden Hörbeispielen ist im Hintergrund leise der Gesang zu hören. Dies liegt daran, daß nach der Führungsspur zur besseren Orientierung der Musiker auf eine freie Spur der Gesang vorläufig aufgenommen wird. Später wird der Gesang endgültig aufgenommen, und der vorläufige Gesang wird bei der Endmischung nicht verwendet.

Einige der Instrumente sind nicht schwer zu erkennen. Es handelt sich um das Tam-

Das Tamburin

burin (auch Schellenkranz genannt), die Congas, außerdem wird mit den Händen geklatscht, mit dem Mund gezischt und auf die Schenkel geklopft.

Hört nun diese Rhythmusinstrumente noch einmal ohne Baß und Schlagzeug! **H 14**
Wer kann die einzelnen Instrumente nachspielen?

Am einfachsten ist das Zischen. Man kann dafür auch Klanghölzer oder Rasseln verwenden.

Der Rhythmus des Zischens in der Notenschrift geschrieben:

Congas

Wenn man mitzählt, so wird auf die Taktteile 1, 2 und 3 gezischt.
Schwieriger ist schon der Rhythmus der Congas, den man auf jeder Trommel nachspielen kann! **H 15**

Wie Congas aussehen, zeigt das Bild oben rechts.

Die Hände wechseln sich beim Rhythmus der Congas ab, also links-rechts-links oder rechts-links-rechts.

Als nächstes das Händeklatschen. Es zieht sich über vier Takte hin:

Geklatscht wird im 2. Takt auf den 4. Taktteil, im vierten Takt auf die Taktteile 2 und 3.
Das Schenkelklopfen ist recht einfach. Auf jeden Taktteil kommen zwei Schläge:

Am besten kann man das Schenkelklopfen üben, wenn man zwischen die Zählzeiten ein »und« einschiebt, also: Eins und zwei und drei und vier und. Auf jedes Wort kommt dann ein Schlag.

Das Tamburin hat denselben Rhythmus wie das Schenkelklopfen. **H 16**
Es wird gespielt, indem man es an der Stelle, an der sich keine Schellen befinden, fest in die Hand nimmt. Nun wird es aus dem Handgelenk hin und her bewegt. Dabei kommt es sehr auf die Gleichmäßigkeit der Bewegung an. Die zweite Hand wird in etwa 15 cm Entfernung dem vom Körper entfernt liegenden Rand des Tamburins entgegengehalten und jeweils auf den Taktteil 1 wird das Tamburin mit diesem Rand gegen die Hand geschlagen. Dadurch wird eine Betonung auf den Taktteil 1 erreicht. Dies ist aber nicht immer so. Diese Betonung kann auch auf andere Taktteile verlegt werden. Versucht es z. B. einmal auf 2 und 4.

Die Schellen schlagen also im Achtelrhythmus aufeinander, der Schlag auf den Rand betont jeweils das erste Viertel eines Taktes:

Wenn Ihr die einzelnen Rhythmen beherrscht, so könnt Ihr in der Klasse Gruppen bilden. Jede Gruppe übernimmt einen der fünf Rhythmen. Da sicher nicht genügend Instrumente in der Schule vorhanden sind, müßt Ihr Euch gegebenenfalls für den Rhythmus der Congas und des Tamburins andere Geräuschquellen einfallen lassen.
Versucht, alle Rhythmen gleichzeitig zu spielen!

Wenn Ihr Euch das Stück noch einmal anhört, so stellt Ihr fest, daß nicht alle Rhythmusinstrumente gleichzeitig eingesetzt werden.

Stellt fest, in welchen Teilen des Stückes welcher der fünf Rhythmen gespielt wird und versucht beim Spielen diese Reihenfolge einzuhalten. Dazu notiert Ihr Euch am besten, wie viele Takte lang die einzelnen Rhythmen jeweils gespielt werden.

Wenn Eure Rhythmusgruppe einigermaßen klappt, so könnt Ihr auf der Schallplatte die Führungsspur (oder das ganze Lied) auflegen und mitspielen.

Die Schellentrommel wird beim Spiel in die rechte Hand genommen und aus dem Handgelenk gleichmäßig hin und her bewegt. Für eine besondere Betonung führt man sie bis gegen den Ballen der linken Hand.

Wesentlich schwieriger ist es, wenn Ihr Gruppen von fünf Schülern bildet und jeder alleine einen der Rhythmen übernimmt.

Solltet Ihr in der Schule ein Tonbandgerät mit der Möglichkeit des Duo- oder Multiplay haben, so könnt Ihr die Führungsspur oder das Lied von der Schallplatte auf ein Tonband überspielen und anschließend Euch selbst dazu aufnehmen, genauso, wie es auch im Studio gemacht wird. Bei Multiplay habt Ihr wie im Studio die Möglichkeit, die einzelnen Rhythmen nacheinander aufzunehmen.

Alle fünf Rhythmen auf einen Blick:

Bei der Zusammenstellung der Rhythmen (S. 29) kann man, wenn man von oben nach unten blickt, genau sehen, welche Schläge gleichzeitig geschlagen werden, und wie die einzelnen Rhythmen zeitlich zusammenfallen.
Man sieht z.B., daß der letzte Schlag der Congas mit dem ersten Ton des Zischens zusammenfällt.

3.5 Harmonie und Rhythmus

Alle Instrumente, die bisher aufgenommen wurden, sind reine Rhythmusinstrumente, bis auf eines.

Welches schon aufgenommene Instrument spielt nicht nur Rhythmus, sondern eine eigene »Melodie«? A 16

Es gibt einige Instrumente, die sehr vielfältig eingesetzt werden können, z.B. das Klavier und die Gitarre. Auf diesen Instrumenten kann man eine Melodie spielen, man kann ebenso einen Rhythmus darauf spielen, gleichzeitig kann man sie auch als Begleitinstrumente einsetzen, die die »Harmonie« eines Stückes spielen. Im normalen Sprachgebrauch heißt das Wort Harmonie so viel wie »gut zusammenpassend«. In der Musik wird das Wort Harmonie für den Zusammenklang von verschiedenen Tönen verwendet. In der Ausbildung für Musiker gibt es ein Lehrfach »Harmonielehre«, in dem die zukünftigen Musiker lernen, wie verschiedene Töne zu einem Klang verbunden werden können. Die einfachsten Harmonien sind Dreiklänge, also drei Töne, die nach einem festen Prinzip aufgebaut sind.

Überlegt, welche Instrumente besonders gut dazu geeignet sind, in der Begleitung eines Stückes harmonische Aufgaben zu übernehmen!

Auch mit Instrumenten, die nicht mehrere Töne gleichzeitig spielen können, können Harmonien gespielt werden. Dies wird dadurch erreicht, daß mehrere dieser Instrumente gleichzeitig eingesetzt werden und jedes der Instrumente einen Ton des Zusammenklanges spielt, z.B.

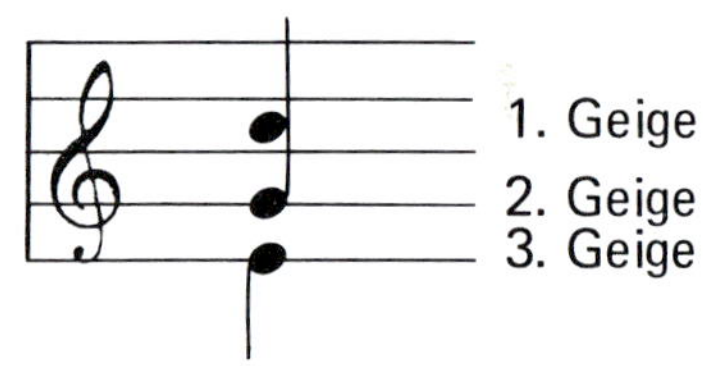

Trompeter des Orchesters James Last beim Spiel

Bei der Begleitung des Schlagers Ramaya werden drei Trompeten eingesetzt. Zwei davon übernehmen harmonische und rhythmische Aufgaben, die dritte setzt erst später ein und spielt eine neue Melodie. Zwei Klaviere und eine zwölfsaitige Gitarre haben sowohl harmonische, als auch rhythmische Aufgaben zu erfüllen.

Hört Euch das Hörbeispiel mit diesen Instrumenten an. Achtet darauf, wo die dritte Trompete einsetzt. Hört Euch anschließend die beiden Klaviere, die Gitarre und die Trompeten einzeln an. H 17/H 18/H 19/H 20/H 21

3.6 Der Gesang

Bei den meisten Schlagern spielt die Melodie die größte Rolle. In der Regel wird sie von einem Sänger oder einer Sängerin vorgetragen. Bei vielen Stücken der Beat- und Popmusik singt zwar die ganze Musikgruppe, doch haben diese Gruppen meist einen Solosänger, der die wichtigsten Teile des Stückes alleine singt oder zumindest deutlich herauszuhören ist. Aus der englischen Sprache kommt für diesen Sänger die Bezeichnung Lead-Sänger (to lead = führen.)

Forscht nach, wer bei Euren Lieblingsgruppen Lead-Sänger ist! A 16

Bei RAMAYA wird die Melodie von einem Sänger gesungen. Die Gesangsbesetzung besteht aus Solosänger und Chor.

Hört Euch die Gesamtaufnahme an und versucht festzustellen, wo der Solosänger und wo der Chor singt! H 11

An welchen Stellen singen Solosänger und Chor dasselbe? Welche Wirkung wird damit erzeugt?

Hört Euch die Spur an, auf der der Solosänger allein zu hören ist. Beschreibt seine Stimme und seine Art zu singen. H 22

Hört danach die Möglichkeiten, die der Tonmeister bei der Veränderung der Stimme hat. Beschreibt die Veränderungen und ihre Wirkung. H 23

Auf der nächsten und letzten Spur ist der Chor alleine zu hören. Wenn man genau hinhört, kann man feststellen, daß der Chor an einigen Stellen zweistimmig singt. H 24

Stellt anhand der Noten fest, in welchem Abstand sich die beiden Stimmen zueinander befinden. Versucht diese Stelle selbst zweistimmig zu singen.

Die Chorstimmen

1.

2.

Worin liegt der Unterschied zwischen diesen beiden Chorstellen?

Übt diese beiden Stellen, bis sie sicher »sitzen« und singt sie dann zu der Spur, auf der der Sänger alleine singt.

Auf der Schallplatte ist eine Aufnahme, H 25, *auf der alle Instrumente und Stimmen fehlen, die Ihr jetzt selbst spielen und singen könnt. Legt diese Stelle auf und spielt und singt dazu.*

Wenn die Schule ein Tonbandgerät mit der Möglichkeit des Playback hat, so könnt Ihr eine neue Gesamtaufnahme erstellen.

3.7 Der Text

Da der Originaltext in einer afrikanischen Sprache zu hören ist, können wir zu seinem Inhalt nicht Stellung nehmen.

Überlegt Euch, warum der Produzent der Platte einen afrikanischen Text gewählt hat? Wie wirkt dieser Text auf Euch?

Nachdem dieser Schlager sehr erfolgreich war und in die Hitparaden kam, ließ der Produzent auch einen deutschen Text dazu schreiben.

Was könnte sich der Produzent davon versprochen haben, wenn RAMAYA auch mit deutschem Text als Platte erscheint?

Hier ist der deutsche Text:

Ramaya, mein Mädchen Ramaya
Sie kommt aus Afrika und spricht nur Tumbala
Ramaya hat echtes Afro-Haar
Figur ist olala, von Ramaya.

Ahicke BRR Sie will eine Kokosnuß
Ich sag BRR und schenk ihr nen Negerkuß
Der ist so stark wie ne Flasche Rum
So ein Negerkuß, der haut jeden um.

X ein afrikanischer Kuß
X der klingt fast so wie ein Schuß
Komm doch mal her
Hab doch mal Mut
Küssen tut ja so gut.

Aubackebrr jetzt geht das schon wieder los
Denn Ramaya sitzt wieder auf meinem Schoß
Wenn ich ihr dann so in die Augen seh
Ja dann haben wir eine X Idee.

X Ich bin ein BRRT-Canibal
Ich freß dich am Tage 2 Mal
Einmal mit Haut
Einmal mit Haar
Ja das ist wunderbar.

Wie findet Ihr diesen Text? Nehmt Stellung dazu! Welchen Eindruck bekommen wir durch dieses Lied von afrikanischen Mädchen? Glaubt Ihr, daß afrikanische Mädchen so sind, wie sie in diesem Text dargestellt werden?

Versucht selbst einen besseren Text zu diesem Lied zu schreiben und singt das Lied mit Eurem Text. Als Grundlage zum Singen könnt Ihr die Aufnahme benutzen.

Besprecht die Texte von gerade aktuellen deutschen Schlagern!

3.8 Eine Schallplatte wird hergestellt

Aus dem Tonstudio erhält die Schallplattenfabrik das Tonband mit den Musikstücken, die auf die Platte gepreßt werden sollen.

Die vom Tonband kommenden elektrischen Impulse werden von einer Maschine auf einen Schneidstichel übertragen.

Entsprechend der Stärke der Impulse schneidet der Stichel eine Rille in die Lackfolie, die schon genau die Größe der späteren Schallplatte hat und sich in der Geschwindigkeit dreht, mit der später die Schallplatte abgespielt werden soll.
Ist die Lackfolie fertig, so erhält sie einen dünnen Silberüberzug.
In einem komplizierten Verfahren wird anschließend von der versilberten Lackfolie ein Gegenstück hergestellt. Das Bild zeigt, wie dieses Gegenstück, das auch »Vater« genannt wird, fertig ist. Statt der Rillen auf der versilberten Lackfolie sind auf dem Vater Erhebungen.

Mit dem Vater könnten bereits Schallplatten gepreßt werden. Da aber der Verschleiß der Matrizen beim Pressen sehr groß ist, stellt man aus wirtschaftlichen Gründen mit demselben Verfahren nochmal vom Vater eine »Mutter« und von der Mutter mehrere »Söhne« her.
In den Werkshallen der Schallplattenfabriken stehen hunderte von Plattenpressen, die meist alle gleichzeitig betrieben werden.

Bevor die »Söhne« hergestellt werden, wird die »Mutter« einer genauen Überprüfung unterzogen. Sie kann wie die spätere Schallplatte abgespielt werden und jeder Fabrikationsfehler ist beim Abspielen zu hören. Auch optisch, d.h. mit Hilfe mikroskopähnlicher Geräte, wird die »Mutter« ganz genau überprüft.

In die beiden Seiten der Schallplattenpresse werden zwei »Söhne« eingespannt, dann wird der Kunststoff, aus dem die

Schallplatte besteht, eingelegt. Wegen seiner Form wird er auch als »Kuchen« bezeichnet. Die Etiketten werden zusammen mit dem Kunststoff eingelegt.

Langsam schließt sich die Presse. Wenn sie sich nach etwa einer halben Minute wieder öffnet, liegt in ihr die fertige Schallplatte.

Jetzt muß nur noch überprüft werden, ob die Schallplatte in Ordnung ist. Natürlich wird nicht jede einzelne Schallplatte ge-

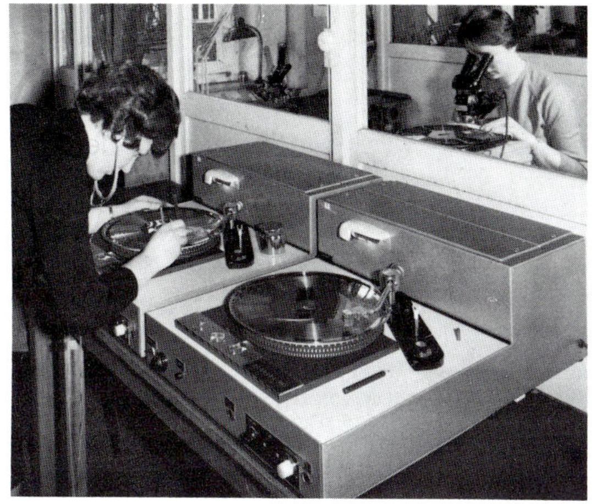

prüft, aber durch Stichproben erreicht man, daß keine Schallplatte mit einem Serienfehler die Fabrik verläßt. Die Prüfung erfolgt zuerst elektronisch in einer Prüfanlage. Ergibt die elektronische Prüfung einen Hinweis auf kleine Fehler, so wird die Schallplatte noch einmal genau abgehört.

Gleich an der Presse werden die Schallplatten in die Innenhüllen gesteckt. In einem anderen Raum kommen sie in die Außenhüllen und werden für den Versand verpackt.

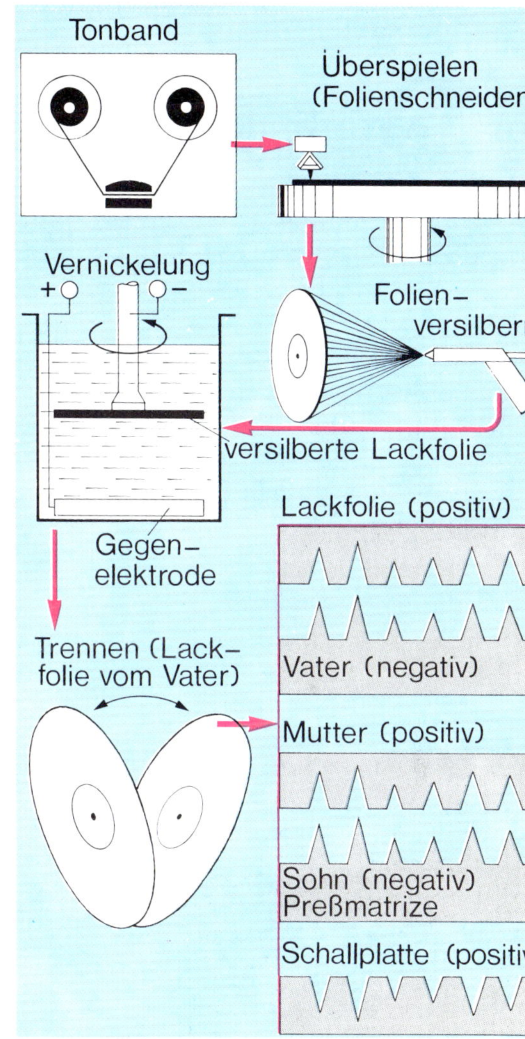

Die Grafik zeigt den ganzen Vorgang der Herstellung einer Schallplatte noch einmal zusammengefaßt. (Nach: Pütz (Hrsg.), HiFi, Ultraschall und Lärm. Köln 1973, S. 72).

Erklärt die wichtigsten Phasen bei der Herstellung einer Schallplatte.

4. Musik wird verkauft

4.1 Die Werbung

Damit eine Schallplatte gekauft wird, muß sie dem Publikum bekannt sein. Die beste Werbung für eine Schallplatte ist, wenn sie möglichst oft in Rundfunksendungen gespielt wird. Deshalb schicken die Schallplattenfirmen ihre neuen Platten an alle Rundfunkstationen. Doch auch mit Anzeigen in Zeitschriften versuchen die Firmen auf ihre Platten aufmerksam zu machen. In besonderen Zeitschriften werden die Händler durch Anzeigen auf neue Platten aufmerksam gemacht. Zwei dieser Anzeigen sind hier abgebildet.

Lest diese Anzeigen durch und stellt fest, wie für diese Schallplatten geworben wird!

Welche Rundfunksendungen sind Eurer Meinung nach die beste Werbung für eine Schallplatte?

Manche Schallplattenfirmen stellen eigene Zeitschriften her, in denen sie für ihre Schallplatten werben. Besorgt Euch in Radio- und Schallplattengeschäften solche Zeitschriften und stellt fest, welche Informationen über die Musik darin enthalten sind.

4.2 Der Verkauf

Für die Firmen, die Schallplatten produzieren, ist der Verkauf das Wichtigste. Nur wenn eine Schallplatte in genügender Anzahl verkauft werden kann, hat sich für die Firma der Einsatz ihres Geldes gelohnt und sie verdient an der Schallplatte.
Der Umsatz von Schallplatten und Musikcassetten ist in den letzten Jahren immer weiter gestiegen.
1974 wurden in der Bundesrepublik 121 Millionen Schallplatten und Musikcassetten verkauft, die einen Wert von ungefähr 1,2 Milliarden (1 200 000 000) Mark hatten!
An diesen Zahlen kann man sehen, welch großen Umfang das Geschäft mit den Tonträgern hat.
Den großen Kuchen teilen sich dabei im wesentlichen sechs große Schallplattenfirmen, wie auf dem Schaubild zu sehen ist.
Die Namen dieser großen Firmen tauchen oft auf der Schallplatte nur ganz klein auf, denn jede Firma hat viele verschiedene Marken im Vertrieb.
Auf der Tabelle ist zu sehen, welche Marken von den großen Schallplattenfirmen vertrieben werden.

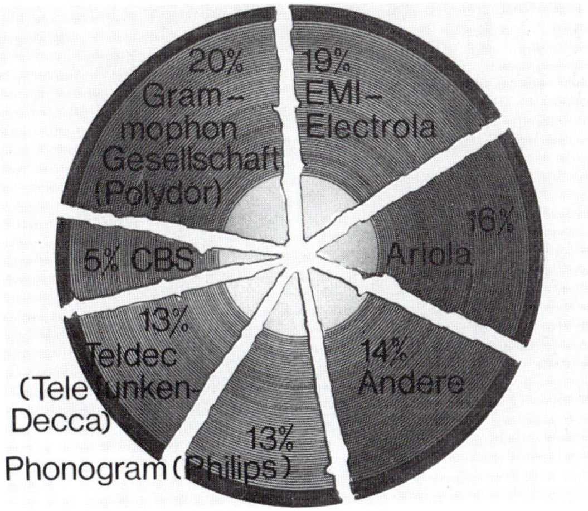

Marktanteile der größten Plattenfirmen 1975

EMI Electrola GmbH	Apple, Asylum, Beka, Buena Vista, Capitol, Chranders, Colorit, Columbia, Dacapo, Disneyland Records, Dot, Electrola, Emi, Emidisc, Erato, Famous, Harvest, Hör Zu, Immediate, Isarton, Kaleidoskop, Neighborhood, Odeon, Paramount, Preiser Records, Probe, Purple, Rare Earth, Regal Zonophone, Stateside, Tamla Motown, Vanguard, Westminster
Ariola-Eurodisc GmbH	A & M Records, Allegro, Ariola, Ariola-Athena, Avco, Baccarola, Blue Mountain, Blue Thumb, Bronze, Dawn, DJM, Ember, Eurodisc, Fonit Cetra, Golden Hour, Hallmark, Hansa, Island, Joy, Jupiter Records, m-Records, Mabel, Manticore, Marble Arch, Maritim, Mayfair, Melodia-Eurodisc, Musicor, Ode, Pan, Das klingende, PELIKAN, Malbuch, Rresident Records, Pye, Rocket, Santa Ponsa, Supraphon, Trojan, TWR, Virgin
TELDEC »Telefunken-Decca« Schallplatten GmbH	Ace of Hearts, Chapter One, Contempo, Coral, Decca, Deram, GAMA, GULL, London, Mainstream, MAM, NOVA, Numero Uno, Playboy, Seven Sun Records, Telestar, Thereshold, UK Records, UNI, Young Blood
Phonogram GmbH	Berlitz, 20th Century, Records, Charisma, Charisma, Perspektive, Chrysalis, DRK, Fass, Fontana, Fontana Spezial, Mercury, Pergola, Philips, Sonic, Spectrum, Star Club, Vertigo
Deutsche Grammophon Gesellschaft mbH	Archiv Produktion, Bell, Brunswick Medium, Cube, Deutsche Grammophon, Heliodor, Karussell, Kuckuck, Literarisches Archiv, Metro, MGM, Pablo, Palette, Poly, Polydor, RSO, Track, Verve, Zebra
CBS Schallplatten GmbH	ALCO, Arion, CBS, CBS Apple, Douglas, Embassy, Epic, Heloise, Invictus, Linda, Monument, Philadelphia, International, PROM

Der größte Teil der Schallplatten wird heute in Geschäften verkauft, die sich auf Schallplatten und andere Tonträger spezialisiert haben. Der Verkäufer in solch einem Geschäft ist meist gut über Musik informiert und kann den Kunden beim Kauf beraten.

Welche Schallplattengeschäfte gibt es in Eurer Wohngegend?
Stellt fest, ob sich diese Geschäfte in den Preisen stark unterscheiden!

Schallplattenverkäufer, ein Traumberuf?

Für junge Menschen gibt es eine Reihe von Berufen und Tätigkeiten, die sie so richtig faszinieren. Dazu gehört auch die Tätigkeit des Schallplattenverkäufers.
Ein Job, bei dem man den ganzen Tag Musik hören kann, und den Kunden nur die verkauften Schallplatten über den Ladentisch reichen braucht. – So meint man! –
Die Realität in diesem Berufszweig sieht aber anders aus. Es bedarf zwar keiner bestimmten Berufsausbildung, setzt aber hohes Musikinteresse, Wissen und allgemeine Kenntnisse auf diesem Gebiet voraus. Eine gewisse kaufmännische Grundausbildung sollte ebenfalls vorhanden sein. Denn als Schallplattenein- und Verkäufer, oder Unternehmer ist man heutzutage gerade auf dem Gebiet der Pop-Musik gezwungen, sehr genau zu kalkulieren und mit den Schallplattenfirmen Preise und Rabatte auszuhandeln, die es dann auch ermöglichen, dem Kunden die schwarzen Scheiben billig anzubieten. Größenteils erzielt man nur solche Konditionen durch Abnahme sehr hoher Stückzahlen von Schallplatten. Das erfordert wiederum eine genaue Kalkulation des Angebotes und der Nachfrage gewünschter Titel und Interpreten, wobei sich jedes Geschäft auf bestimmte Musikrichtungen spezialisiert. Diese Musikrichtungen sollten aber stets gut sortiert dem Kunden angeboten, und rechtzeitig bei Verkauf wieder nachbestellt werden. Daß ein Schallplattenverkäufer in diesem Fall über genügende Kenntnisse in Musik, deren Interpreten und ihrer Titel und natürlich auch ihre Bezugsquellen verfügen sollte, ist selbstverständlich, denn der Kunde sieht in ihm den Fachmann, von dem er sich informieren und beraten lassen möchte. Wer also hinter dem Ladentisch nur den Kunden die gewünschten Platten überreicht, ist noch lange kein Schallplattenverkäufer.
Manfred Borchardt, Schallplattenverkäufer

1. Welchen Wert hatten die 1974 in der Bundesrepublik verkauften Musikcassetten und Schallplatten ungefähr?
2. Wie heißen die sechs größten Schallplattenfirmen?
3. Welche Berufsausbildung muß ein Schallplattenverkäufer haben?
4. Auf welchen Gebieten sollte ein Schallplattenverkäufer Bescheid wissen?

4.3 Der Verdienst

An einer Schallplatte verdienen:
Der Komponist, der Texter, die Musiker, der Sänger, der musikalische Bearbeiter, der Verleger, der Produzent, die Plattenfirma, der Handel:
Der Komponist hat das Musikstück erfunden.
Der Texter hat den Text des Liedes geschrieben.
Die Musiker haben das Stück gespielt.
Der Sänger hat die Melodie des Liedes gesungen.
Der Bearbeiter hat das Stück so bearbeitet, daß es zum Beispiel für Klavier spielbar ist.
Der Verleger hat die Noten drucken lassen und vertreibt sie.
Der Produzent hat die Aufnahme herstellen lassen.
Die Plattenfirma hat die Platte herstellen lassen.
Der Handel verkauft die Schallplatte.

Auf dem Schaubild ist zu sehen, wie der Verkaufspreis einer Single-Schallplatte ungefähr zusammengesetzt ist.

Kalkulation des Preises einer Schallplatte (ungefähr)

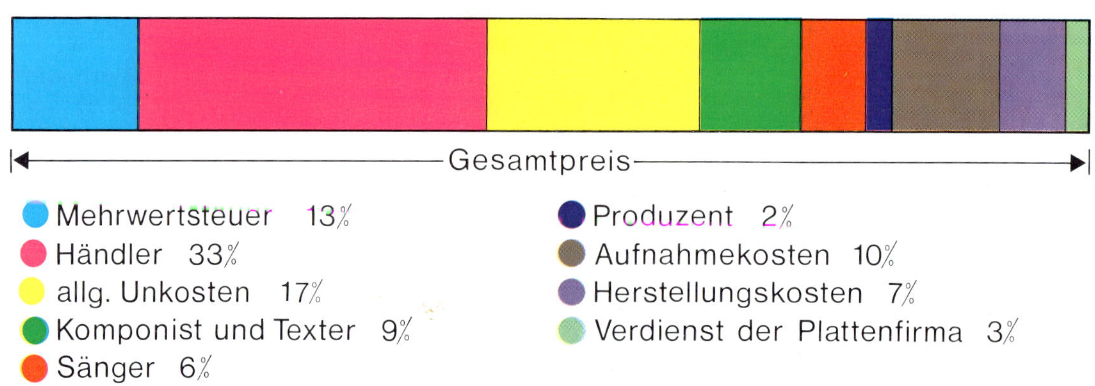

Die Kosten für die Herstellung einer Langspielplatte belaufen sich auf etwa DM 20 000, bis die Platte schließlich beim Händler gekauft werden kann. Erst wenn diese Kosten durch den Verkauf der Schallplatte hereingekommen sind, beginnt für die Schallplattenfirma der Gewinn. Deshalb müssen die Firmen versuchen, von einer Platte möglichst viele Exemplare zu verkaufen.

Die Verdienste der Künstler sind völlig unterschiedlich. Manche verdienen gerade soviel, daß sie davon leben können; die »Superstars« verdienen Millionen in einem Jahr.

Geschätzte Jahreseinkommen 1976:
Elton John: 42 Millionen Mark
Rolling Stones: 38 Millionen Mark
Bob Dylan: 37 Millionen Mark

Wieviel ein Künstler verdient, hängt weitgehend davon ab, wie gut der Vertrag mit der Schallplattenfirma ist. Unbekannte Künstler bekommen oft nur 6 % des Großhandelspreises einer Schallplatte, bekanntere 10 – 15 % und die großen Stars haben mit ihrer Firma meist einen »Garantievertrag«. Bei einem solchen Vertrag ist der Künstler unabhängig davon, wie viele seiner Schallplatten verkauft werden; er bekommt eine jährliche Garantiesumme von zum Beispiel DM 100 000,–. Diese Garantiesummen gehen bei manchen Künstlern in die Millionen.

Die **GEMA**

GEMA = Gesellschaft zur Verwertung von musikalischen Aufführungsrechten.

Jeder Musiktitel, der z.B. in Rundfunksendungen gespielt wird, muß an die GEMA gemeldet werden. Auch öffentliche Tanzveranstaltungen sind der GEMA anzumelden, beim Kauf eines Tonbandgerätes geht ein fester Betrag an die GEMA.

Die GEMA sorgt dafür, daß Komponist, Texter, Arrangeur und Verlag zu ihrem Geld kommen. Diese Personen verdienen wenig am Plattenumsatz, dafür aber mehr bei Rundfunk, Fernsehen und öffentlichen Veranstaltungen. Von jeder Sendeminute, in der ein Schlager gespielt wird, verteilt die GEMA 8,– Mark, für eine Fernsehminute rund 64,– Mark. Davon verdienen in der Minute:

Komponist:	$33^1/_3$ %
Texter:	25 %
Arrangeur:	$8^1/_3$ %
Verleger:	$33^1/_3$ %

(Aus: Kögel u.a., Schlager, Pop. Ravensburger Taschenbücher Nr. 5, S. 71)

1. Wer ist an dem Verdienst an einer Schallplatte beteiligt?
2. Welche Aufgabe hat die GEMA?

4.4 Die Hitparade

Viele Jugendliche verfolgen jede Woche die Hitparade der Musikzeitschriften und Rundfunkanstalten.

Was ist ein »Hit«?

Wenn man das Wort »Hit« aus der englischen Sprache in die deutsche übersetzt, so heißt es einfach »Treffer«. Der Begriff »Hit« hat also dieselbe Bedeutung wie das deutsche Wort »Schlager«: Ein Musikstück schlägt ein, es ist ein Treffer. Es handelt sich also bei Hits und Schlagern um Musikstücke, die beim Publikum besonders gut ankommen, die besonders beliebt sind.

Viele Fan-Clubs mogeln mit - Hauptsache, es wird ein Hit!

Wie die Schlager in die Hitparaden kommen

Von PETER BARTELS **Hamburg, 20. Mai**

Der Gong-Schlag über die Mauschelei der Musik-Mafia bei Funk und Fernsehen ist noch nicht richtig verhallt, da schepperten schon die Geräusche eines neuen Skandals durch die Musikwelt: Die Hitparaden werden seit Jahren systematisch manipuliert!

Straff organisiert, von Managern und Schallplattenbranche „ferngesteuerte" Fan-Clubs bestimmen, was ein Hit wird. Die Hitlisten werden mit „gezinkten" Stimmkarten verfälscht.

Bei einer Podiumsdiskussion mit Journalisten, Plattenbossen und Hitparaden-Machern (veranstaltet von der Europawelle Saar in Saarbrücken) kam heraus:

Oft beteiligen sich nicht einmal 0,01 Prozent der deutschen Radiohörer an Abstimmungen.

Der Frankfurter Musik-Soziologe Reginald Rudorf: „In einem Sendegebiet, in dem fünf Millionen Radiohörer angefunkt werden, stimmen oft nur 500 Hörer über die Plazierungen von Schlagern in der Hitparade ab. In einem anderen 200 Hörer."

Einschließlich mit der ZDF-Hitparade von Dieter Thomas Heck gibt es bei uns 18 Hitparaden. Die Reihenfolge der Plazierungen wird stets nur mit Prozenten begründet. Gewerkschafts-Journalist Dieter Schmidt: „Beim Südwestfunk konnte ein Schlager mit weniger als 30 Stimmen auf Platz 2 der Hitparade kommen."

Diese geringen Beteiligungen lassen jede Mauschelei zu. Ein Musikverlag (Bärenreiter) ermittelte: Schon vor drei Jahren gab es hierzulande 3000 organisierte Fan-Clubs mit 200 000 Fans.

Kein Wunder, daß die einzig ehrlichen Hitparaden, jene, die ausschließlich auf Plattenumsätzen basieren (wie beispielsweise „Die Großen Acht" von BILD) nur selten mit dem Mauschel-Hitparaden übereinstimmen.

Da ist beispielsweise der Maggie Mae-Club. Hauptclubleiter Ronald Sauer verschickt regelrechte „Arbeitslisten" an die rund 70 Clubs. Bis ins kleinste wird vorgeschrieben, wann an welche Rundfunkanstalt geschrieben werden muß. Formulierungen werden gleich mitgeliefert:

„Nie als Club schreiben..."

„Bitte bringt Maggie Mae in der Hitparade" (ans ZDF). „Bitte spielt den letzten Titel von Maggie Mae" (an Radio Luxemburg).

Da wird gewarnt: „Nie als Club schreiben." Da wird die Aufforderung zum Mogeln nicht mal kaschiert: „Jede Redaktion bekommt jeden Tag eine Karte aus einer anderen Stadt. Und das acht Wochen lang. Wenn Ihr das unauffällig macht, wird alles klappen."

Die Rechnung der Plattenfirmen und Star-Managern ist einfach: Was in den Hitparaden steht, wird oft gespielt und damit noch öfter verkauft.

Die Hitparade der Hitparaden — das ist die Sendung von Dieter „Tho as" Heck. Hier will jeder rein. Hier kommt aber nur rein, wer sich vorher in mehreren Rundfunk-Hitparaden plazierte.

(Bildzeitung vom 20. Mai 1976)

Wie kann man feststellen, ob ein Musikstück beliebt ist, ob es beliebter als andere ist?
Scheinbar ist das ganz einfach, denn man muß ja nur die Leute fragen, welches Stück sie am liebsten hören. In Wirklichkeit ergeben sich dabei aber eine ganze Menge Schwierigkeiten.
Die Musikzeitschriften und Rundfunkanstalten wählen meist ein sehr einfaches Verfahren, um die Hitparade aufzustellen: Sie lassen sich von ihren Lesern oder Hörern schreiben, welches Stück sie am besten finden. Nach der Anzahl der Stimmen für die einzelnen Stücke wird dann die Reihenfolge in der Hitparade bestimmt.
Entsprechen diese Hitparaden wirklich dem Beliebtheitsgrad der einzelnen Stücke?

Überlegt Euch, wie diese Art von Hitparaden beeinflußt werden könnte!

Wer könnte ein Interesse daran haben, Hitparaden zu beeinflussen?

Lest dazu den Zeitungsartikel durch!

Stellt anhand der beiden abgebildeten Hitparaden fest, wie sie ermittelt werden.

Welche Art der Ermittlung haltet Ihr für besser?

Schreibt an Zeitschriften, Fernseh- und Rundfunkanstalten! Bittet um Auskunft darüber, wie deren Hitparaden zustande kommen!

Stellt fest, ob in der Klasse Lieder der abgebildeten Hitparade von 1979 bekannt sind! Versucht Schlüsse aus dem Ergebnis der Umfrage zu ziehen! Macht dieselbe Untersuchung über die Bekanntheit der Hit-Interpreten von 1979 in Eurer Klasse!

Hitparaden – genau beobachtet **A 17**
Beauftragt eine oder mehrere Arbeitsgruppen damit, die nächsten 12 Wochen verschiedene Hitparaden zu verfolgen und den jeweiligen Stand in die Tabelle einzutragen. Am besten hängt Ihr die Tabellen im Klassenzimmer auf, so daß alle die Entwicklung der Hitparaden mitverfolgen können.

Nach zwölf Wochen könnt Ihr an die Tabelle viele Fragen stellen:

20 Renner in [...]er Sprache

BRAVO-DISCO 13

Hits der Woche

Die 20 internationalen Renner

1 Du schaffst mich
Jürgen Drews

2 Du, die Wanne ist voll
Helga Feddersen & Dieter Hallervorden

2 Sandy John Travolta

1 Y.M.C.A.
Village People

3 Chiquitita Abba

4 Verliebt in den Lehrer
Christian Anders

Platz	Vorwoche	Titel / Interpret
4	3	Kreuzberger Nächte – Gebrüder Blattschuß
5	5	Zufrieden mit mir – Benny
6	7	Hab' ich zuviel verlangt? – Bernhard Brink
7	14	Blue Bayou – Paola
8	6	Gianna (Liebe im Auto) – Wolfgang Petry
9	8	Mama Leone – Bino
10	9	. . . dann geh doch – Howard Carpendale
11	10	Nina – Boy
12	11	Manuel – Caterina Valente
13	12	Hoffnungslos verliebt in dich – Elfi Graf
14	13	Reeperbahn – Udo Lindenberg
15	15	Mexican Girl – Bernd Clüver
16	16	War das eine Nacht – Roland Kaiser
17	17	Cora, komm nach Haus – Peter Orloff
18	19	Tina ist weg – Andrea Jürgens
19	NEU!	Captain Starlight – Frank Zander
20	18	Geh zum Teufel – Franz K.

Platz	Vorwoche	Titel / Interpret
4	6	I was made for dancing – Leif Garrett
5	4	Da'ya'think I'm sexy – Rod Stewart
6	5	Kiss you all over – Exile
7	7	Too much Heaven – Bee Gees
8	8	Mexican Girl – Smokie
9	9	Accident Prone – Status Quo
10	10	We'll have a Party tonite Nite – Teens
11	14	Baby it's you – Promises
12	11	Stumblin' in – Chris Norman & Suzi Quatro
13	12	Hard Love – Shaun Cassidy
14	17	You thrill me – Exile
15	13	Where will I be now – Bay City Rollers
16	16	Heart of Glass – Blondie
17	15	Bicycle Race – Queen
18	19	Trojan Horse – Luv'
19	18	Bulldozer – Oliver Onions
20	NEU!	Tragedy – Bee Gees

[...]lands Top-Hits

- OLIVER'S ARMY Elvis Costello
- I WILL SURVIVE Gloria Gaynor
- TRAGEDY Bee Gees
- LUCKY NUMBER Lene Lovich
- HEART OF GLASS Blondie
- CAN YOU FEEL THE FORCE Real Thing
- CONTACT Edwin Starr
- SOMETHING ELSE Sid Vicious/Sex Pistols
- SOUND OF THE SUBURBS Members
- CHIQUITITA Abba

Amerikas Top-Hits

1 (2) I WILL SURVIVE Gloria Gaynor
2 (1) DA'YA' THINK I'M SEXY Rod Stewart
3 (8) TRAGEDY Bee Gees
4 (5) HEAVEN KNOWS Donna Summer
5 (3) FIRE Pointer Sisters
6 (7) SHAKE YOUR GROOVE . . . Peaches & Herb
7 (4) A LITTLE MORE LOVE Olivia Newton-John
8 (10) WHAT A FOOL BELIEVES Doobie Brothers
9 (6) Y.M.C.A. Village People
10 (–) DON'T CRY OUT LOUD Melissa Manchester

[...] verschickt BRAVO 3000 Stimmkarten an Leser, die sich an BRAVO-Aktionen beteiligt haben, und fragt nach Euren Lieblings-Songs. Eure Antworten ergeben die 20 Top-Hits [...] Sprache und die 20 fremdsprachigen Spitzen-Schlager in Deutschland. – Die englische und die amerikanische Hitliste basieren auf Fachzeitschriften aus Großbritannien und den USA.

POP 20

POP Leser machen ihre Hitparade! In der "POP 20" findet Ihr Eure beliebtesten Hits

Unwahrscheinlich . . .

. . . wie die Village People mit ihrem »Y.M.C.A.« bei Euch eingeschlagen haben. Die witzigen Amis lassen alle anderen Hitparadenkandidaten um Längen hinter sich und haben in dieser Runde gar mehr als die doppelte Punktzahl auf die Nr. 2 rausgeholt.

1 (1) Y.M.C.A.
Village People

Platz	Vorwoche	Titel	Interpret
2	(–)	CHIQUITITA	Abba
3	(3)	BICYCLE RACE	Queen
4	(7)	ACCIDENT PRONE	Status Quo
5	(5)	TROJAN HORSE	Luv'
6	(2)	STUMBLIN' IN	Chris Norman & Suzi Quatro
7	(4)	DA' YA' THINK I'M SEXY?	Rod Stewart
8	(–)	LE FREAK	Chic
9	(14)	TOO MUCH HEAVEN	Bee Gees
10	(18)	BABY IT'S YOU	Promises
11	(10)	SANDY	John Travolta
12	(8)	MEXICAN GIRL	Smokie
13	(–)	DARLIN'	Frankie Miller
14	(13)	KISS YOU ALL OVER	Exile
15	(12)	SUMMER NIGHTS	John Travolta/ Olivia Newton-John
16	(6)	MARY'S BOY CHILD	Boney M.
17	(9)	YOU'VE GOT ALL OF ME	Clout
18	(–)	A LITTLE MORE LOVE	Olivia Newton-John
19	(17)	SUMMER NIGHT CITY	Abba
20	(11)	DREADLOCK HOLIDAY	10cc

DARLIN' FRANKIE

Er ist zwar schon eine ganze Weile im Geschäft, der Frankie Miller. Doch bislang war der stimmstarke Brite in unseren Breitengraden nur Geheimtip – mehr nicht. Erst die stimmungsvolle Ballade »Darlin'« brachte ihm jetzt den Durchbruch. Frankie hat aber auch knallharten Rock drauf – hört Euch doch mal in eine seiner LPs rein!

Auf der Warteliste:
YOU THRILL ME/Exile
HEART OF GLASS/Blondie
HIT ME WITH YOUR RHYTHM STICK/Ian Dury

POP-Leser als Hitmacher

Mit dieser Stimmkarte habt Ihr die Möglichkeit, Euch aktiv als Hitmacher zu betätigen. Schreibt die Titel Eurer fünf derzeitigen Lieblings-Singles und -LPs in die vorgegebenen Zeilen, klebt den Talon auf eine Postkarte und schickt sie möglichst noch heute an die Redaktion POP, Abt. Leser-Hitparade, Kaiser-Wilhelm-Strasse 1, 2 Hamburg 36. Aus dem Total der Einsendungen ermitteln wir dann die »POP 20«, die von Euch bestimmte Hitparade. Und vergesst nicht, auf der Postkarte Euren Namen und Adresse anzugeben. Denn jedesmal verlosen wir unter den Einsendern 20 LPs nach freier Wahl.

Meine 5 Lieblings-Singles
1. ______
2. ______
3. ______
4. ______
5. ______

Meine 5 Lieblings-LPs
1. ______
2. ______
3. ______
4. ______
5. ______

Meine Wunsch-LP: ______

LPs

1 (1) Grease – Travolta/Newton-John u. a.
2 (2) Jazz – Queen
3 (9) Cruisin' – Village People
4 (3) Blondes Have More Fun – Rod Stewart
5 (6) Totally Hot – Olivia Newton-John
6 (5) If You Can't Stand The Heat – Status Quo
7 (7) The Teens – The Teens
8 (4) The Montreux Album – Smokie
9 ( ) John Travolta – John Travolta
10 (8) If You Knew Suzi – Suzi Quatro

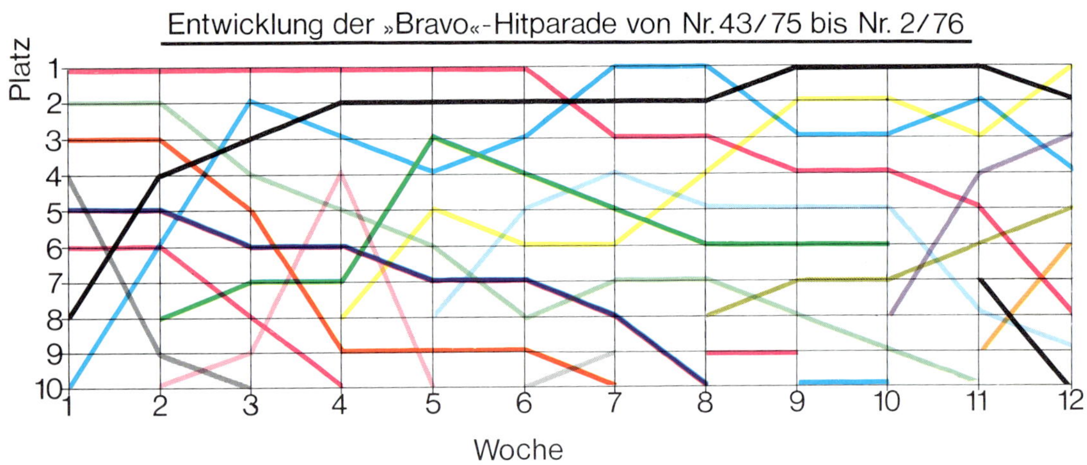

1. Gibt es zwischen manchen dieser Stücke Ähnlichkeiten?
2. Waren Euch bekannte andere Stücke auf anderen Plätzen der Hitparade, die Ähnlichkeit mit einem der Spitzenreiter haben?
3. Kennt Ihr sonst noch Lieder, die Ähnlichkeit mit einem der Spitzenreiter haben?

Wenn solche Ähnlichkeiten festzustellen sind, so handelt es sich meist um »Nachzieher«. Mit dem Begriff »Nachzieher« bezeichnet man Stücke, die einem Erfolgsschlager nachgemacht wurden.
Das Wesentliche an einem »Nachzieher« ist, daß er die Merkmale, die zum Erfolg des anderen Liedes geführt haben, möglichst wieder beinhalten muß.

1. Wie lange hat es bei den verschiedenen Liedern gedauert, bis sie Nummer 1 waren?
2. Wie lange haben sich diese Lieder auf dem 1. Platz gehalten?
3. Wie lange konnten sich die Spitzenreiter nach dem Verlust von Platz 1 noch unter den ersten 10 halten?
4. Vergleicht die Aufstiegs- und die Abstiegskurve! Welche ist steiler?
5. Welches Stück konnte sich am längsten unter den ersten 10 halten?
6. Welcher Sänger oder welche Gruppe war mit verschiedenen Stücken in der Hitparade vertreten?
7. Stimmen die verschiedenen Hitparaden überein oder sind Unterschiede festzustellen?

Die Antworten auf diese Fragen könnt Ihr auf dem Arbeitsbogen eintragen.
Noch besser wäre es, wenn Ihr anhand eines ganzen Jahrgangs einer Zeitschrift die Entwicklung der Hitparade über ein ganzes Jahr untersuchen könntet.
Beauftragt eine andere Arbeitsgruppe damit, über dieselbe Zeit eine von der Klasse aufgestellte Hitparade anzufertigen. Auch die Ergebnisse dieser Hitparade sollten als Tabelle aufgezeichnet werden.
Vergleicht die Klassenhitparade mit den anderen Hitparaden. Wo stimmt sie mit diesen überein, wo unterscheidet sie sich?

Bringt Schallplatten mit Liedern mit, die in der untersuchten Zeit auf den ersten drei Plätzen der Hitparade waren. Hört Euch diese Stücke an und überlegt, woran es liegen könnte, daß diese Lieder zu Hits wurden. Vorab solltet Ihr darüber diskutieren, wie ein Musikstück beschaffen sein muß, damit es möglichst vielen Menschen gefällt. Hört Euch dann Stücke an und versucht zu begründen, warum sie Euch gefallen oder nicht. Das kann am Tempo liegen oder am Rhythmus, an der Stimme oder an der Melodie. Vielleicht ist die Instrumentation ausschlaggebend für Euer Urteil? Bei vielen Schlagern spielt auch der Text eine Rolle für ihre Beurteilung.
Wenn Ihr mehrere Hits gehört habt, könnt Ihr sie vergleichen und Euch folgende Fragen stellen:

Vergleicht einen Erfolgsschlager mit seinem »Nachzieher« und stellt fest, welche Merkmale übernommen oder nachgeahmt wurden.

Am besten geht Ihr nach dem folgenden Fragenkatalog vor:
1. Ist der Interpret gleich?
2. Sind Komponist und Texter gleich?
3. Handelt es sich um dieselbe Schallplattenfirma?
4. Ist die Melodik ähnlich?
5. Ist das Arrangement gleich oder ähnlich?
6. Ist die Rhythmik gleich oder ähnlich?
7. Ist das Tempo gleich oder ähnlich?
8. Ist der Aufbau der Stücke gleich?

Aus Ähnlichkeiten zwischen Schlagern der Hitparade kann man entnehmen, welche Art von Schlagermusik gerade modern ist.

Unterhaltet Euch über die Sänger oder Gruppen, die gerade beliebt sind und über die Art von Musik, die sie machen!

5. Die Wiedergabe von Musik

Die Art und Weise, wie und wann die Menschen Musik hören, hat sich in den letzten hundert Jahren grundlegend verändert. Noch vor hundert Jahren waren die einzigen Möglichkeiten, Musik zu hören, entweder dorthin zu gehen, wo Musik gespielt wurde oder selbst Musik zu machen. Heute ist es bequemer geworden, Musik zu hören: Ein Druck auf den Knopf, und die Musik klingt im Zimmer, als wenn man sie original hören würde.
Den weitaus größten Teil der Musik, die wir hören, hören wir über technische Wiedergabegeräte: Radio, Schallplattenspieler, Tonbandgerät oder Kassettenrekorder.

Bei einer Untersuchung stellte sich heraus, daß von 100 befragten Personen
59 überwiegend im Rundfunk
22 überwiegend von der Schallplatte
14 überwiegend im Fernsehen
4 überwiegend bei anderen Gelegenheiten
Musik hören.
(Nach: E. Klusen, Zur Situation des Singens in der Bundesrepublik Deutschland. Gerig Verlag, Köln 1974, S. 32)

Von 100 Haushalten verfügten 1974 in der Bundesrepublik
93 über ein Fernsehgerät
79 über ein Radio
53 über einen Plattenspieler
40 über ein Tonbandgerät oder einen Kassettenrekorder.
(Der Stern)

Eine Stereowiedergabeanlage mit Steuergerät, Plattenspieler, Tonbandgerät und Lautsprecherboxen, von denen hier nur die rechte zu sehen ist.

Stellt in Eurer Klasse fest, mit Hilfe welcher Geräte Ihr überwiegend Musik hört! A 18

Praktisch jeder besitzt also heute ein Gerät, mit dem er Musik hören kann, wann immer er will.
Man kann sich die Zeit, in der es all diese Geräte noch nicht gab, heute kaum noch vorstellen, obwohl ihre Erfindung noch keine hundert Jahre alt ist.
Der erste Mensch, dem es gelang, den Ton zu speichern, war der Amerikaner Edison. Das geschah im Jahre 1878. Lange war die Wiedergabequalität der Geräte so schlecht, daß das Hören nicht gerade ein Genuß war.

Hört Euch auf der Schallplatte dasselbe Stück in der Tonqualität von 1930 und in der Tonqualität von heute an. H 26

Sprecht über den Unterschied und versucht ihn zu beschreiben.

Wirklich hochwertige Musikwiedergabegeräte gibt es erst seit etwa 1960. Heute können fast alle wesentlichen Klangmerkmale von Musik sowohl gespeichert als auch über einen Verstärker wiedergegeben werden. Man nennt sehr gute Musikwiedergabe Hi-Fi. Diese Abkürzung kommt von dem englischen Wort »High Fidelity«, was übersetzt etwa »hohe Klangtreue« bedeutet. Hohe Klangtreue meint, daß die Musik, die aus dem Lautsprecher kommt, sich möglichst genauso anhören muß, als wenn man sie original hören würde.
Die Bezeichnung Hi-Fi heißt, daß die Wiedergabegeräte bestimmte technische Bedingungen erfüllen müssen. Diese Bedingungen sind in der Deutschen Industrie-Norm (DIN) 45500 festgelegt. Die Bezeichnung Hi-Fi darf nur für Geräte verwendet werden, die diese Bedingungen erfüllen oder übertreffen.
Wie kann die Klangtreue der Musikwiedergabe eines Gerätes gemessen werden?
Um diese Frage beantworten zu können, muß man wissen, wie ein Klang zusammengesetzt ist, aus welchen Bestandteilen er besteht.

1. Was heißt »High Fidelity?«
2. Wie muß sich Musik aus einem Hi-Fi-Gerät anhören?
3. Diskutiert über die Frage, ob Musikwiedergabegeräte das Musizieren für Euch überflüssig machen.
4. Besorgt Euch Werbematerial für Musikwiedergabegeräte und vergleicht sie.

5.1 Die Luft schwingt

Wird ein Musikinstrument gespielt, so wird die Luft in Schwingungen versetzt.

Besprecht am Beispiel von Geige, Trommel und Trompete, wie dies vor sich geht. **A 19**

Die Luftschwingungen gelangen an unser Ohr. Der Schall wird von der Ohrmuschel aufgefangen und durch den Gehörgang zum Trommelfell (a) geleitet. Durch die Schwingungen der Luft wird das Trommelfell ebenfalls in Schwingungen versetzt.
Vom Trommelfell werden die Schwingungen über die Gehörknöchelchen (b) an das Innenohr weitergegeben. In der Schnecke (c) befindet sich das Hörsinnesorgan mit den Sinneszellen. Die durch die Schwingungen erzeugten Erregungen werden vom Hörnerv (d) weitergeleitet in das Hörzentrum, das sich im Gehirn in der Großhirnrinde befindet. Im Gehirn wird der Schall wahrgenommen und kann z.B. als Trompetenklang erkannt werden.
Je nachdem, wie viele Schwinungen in der Sekunde aufeinander folgen, hören wir tiefe oder hohe Töne. Je schneller die Schwingungen aufeinander folgen, desto höher ist der Ton, den wir hören.
In der Musik hat man den Tönen Namen gegeben, in der Physik werden sie mit Zahlen bezeichnet. Eine Schwingung in der Sekunde nennt man 1 Hertz, weil der Physiker Hertz sich mit diesen physikalischen Vorgängen eingehend beschäftigt hat. Man spricht dabei von einer »Frequenz«, z.B. hat der Ton a' eine Frequenz von 440 Hertz, das heißt, beim Ton a' schwingt die Luft 440mal in der Sekunde.

Hört Euch auf der Schallplatte verschiedene Frequenzen an! **H 27**

In welcher Reihenfolge sind die folgenden Frequenzen auf der Schallplatte zu hören: 50 Hz, 300 Hz, 1000 Hz, 6000 Hz? **H 28**

Das menschliche Ohr hört im allgemeinen Frequenzen von 20–20000 Hertz. Mit wachsendem Alter wird die Hörfähigkeit der oberen Frequenzen aber zunehmend geringer.
Der Mensch hört nur einen kleinen Teil dessen, was sich akustisch in der Umwelt abspielt. Manche Tiere haben wesentlich schärfere Hörorgane. Ein Hund hört Geräusche bis zu einer Frequenz von 50000 Hertz, eine Katze bis 65000 Hertz, eine Fledermaus bis 120000 Hertz, und ein Delphin sogar bis 150000 Hertz. Alle diese akustischen Bereiche, die der Mensch nicht mehr wahrnimmt, bezeichnet man als »Ultraschall«.
Auch im Frequenzumfang ihrer Stimme sind uns manche Tiere weit überlegen: Während die menschliche Stimme nach oben nur bis etwa 1100 Hertz reicht, kommen Vögel bis auf 13000 Hertz, Mäuse bis 100000 Hertz, Fledermäuse und Delphine bis 120000 Hertz.

1. Wie gelangt der Schall von einem Instrument bis an unser Ohr?
2. Wovon hängt die Höhe eines Tones ab?
3. Welche Benennung haben Schwingungen in der Physik?
4. Welchen Hörbereich hat das menschliche Ohr normalerweise?
5. Wie nennt man die akustischen Bereiche, die der Mensch nicht mehr hören kann?
6. Welche Tiere können wesentlich höhere Töne hören als der Mensch?

5.2 Der Frequenzbereich

Wird auf einem der herkömmlichen Musikinstrumente ein Ton gespielt, so besteht

d
b
c
a

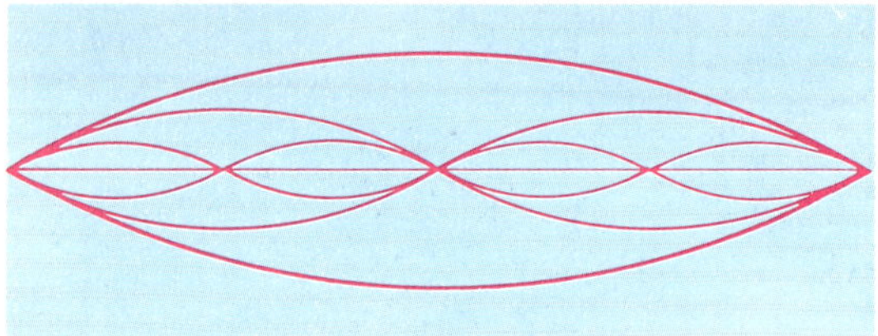

Entstehung der Obertöne bei einem Saiteninstrument

dieser nicht nur aus einer Frequenz, sondern gleichzeitig mit dem Grundton erklingen noch zahlreiche »Obertöne«. A 20 Diese Obertöne entstehen dadurch, daß z. B. die Saite einer Gitarre nicht nur in ihrer vollen Länge schwingt, sondern gleichzeitig noch in ihren Hälften, Dritteln, Vierteln usw. Diese Teilschwingungen ergeben die Obertöne, die zwar als einzelne Töne kaum wahrgenommen werden können, aber weitgehend den besonderen Klang jedes Instrumentes ausmachen.

Die Obertöne der Instrumente reichen bis in die sehr hohen Frequenzen um 20000 Hz. Auf der Abbildung kann man erkennen, welchen Frequenzbereich bei einigen Instrumenten die Grundtöne und Obertöne umfassen.

Meist wird Musik nicht nur von einem Instrument gespielt, sondern von vielen, die verschieden hoch gestimmt sind. Ein gutes Musikwiedergabegerät muß alle von den Instrumenten gespielten Tonhöhen einschließlich der Obertöne wiedergeben können. Es muß also einen Frequenzbereich von etwa 20–20000 Hz verstärken und wiedergeben können.

Welchen Einfluß die Wiedergabe der Frequenzbereiche auf das Hörerlebnis hat, könnt Ihr an dem Hörbeispiel auf der Schallplatte erkennen. H 29

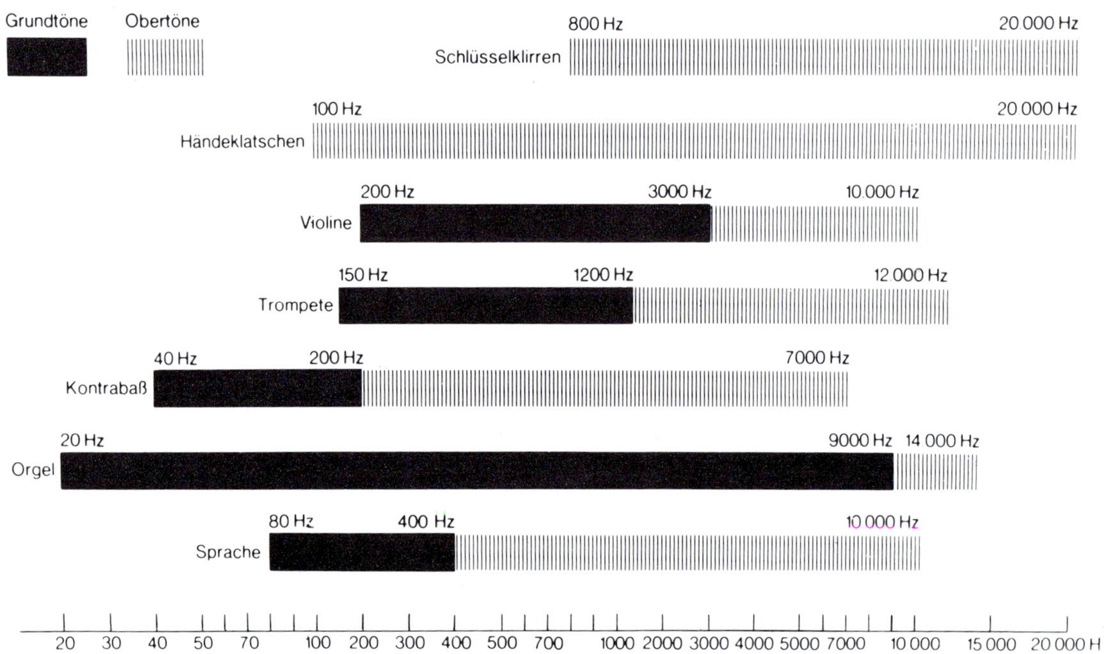

Frequenzumfang von Sprache, Musik und Geräuschen.

Versucht herauszufinden, in welcher Reihenfolge folgende Frequenzbereiche auf der Schallplatte gespielt werden: 480–2500 Hz, 120–5000 Hz, 20–20000 Hz. H 30/A 20

5.3 Der Plattenspieler

Fast hundert Jahre hat es von den Anfängen der Schallplatte gedauert, bis die heutige Wiedergabequalität erreicht wurde. Im Jahre 1878 gelang es dem Amerikaner Edison erstmals, Schall zu konservieren und wiederzugeben. Wie sich diese erste Tonaufnahme anhört, ist auf der Schallplatte zu hören. H 31

Vieles von dem, was Edison damals als Zehn-Punkte-Programm über die Möglichkeiten seines Gerätes veröffentlichte, ist heute selbstverständliche Wirklichkeit:

1. Aufnahme von Briefen und aller Arten von Diktaten ohne die Hilfe eines Stenographen.
2. Phonographische Bücher, die Blinden den Inhalt eines Buches ohne fremde Hilfe vermitteln.
3. Erteilung von Sprachunterricht.
4. Wiedergabe von Musik.
5. Klingendes Familienarchiv: eine Sammlung von Aussprüchen und Erinnerungen der Familienmitglieder mit ihren eigenen Stimmen und die letzten Worte der Sterbenden.
6. Musikboxen und Spielzeug.
7. Uhren, die mit deutlicher Stimme mitteilen, wann es Zeit ist, nach Hause zu gehen, das Essen einzunehmen usw.
8. Festhalten verschiedener Sprachen mit richtigem Akzent.
9. Hilfsmittel für den Unterricht: Erklärun-

gen des Lehrers können dem Schüler immer zur Verfügung stehen.

10. Unterstützung des Telefons, damit dieses nicht ein Instrument augenblicklicher Übermittlung bleibt, sondern wichtige und bleibende Mitteilungen für immer aufbewahren kann.

(Nach: Haas/Klever, Die Stimme seines Herrn. Ullstein TB 246, Frankfurt 1959, S. 19)

Das Prinzip, das der Schallplattenaufnahme und Wiedergabe zugrunde liegt, ist verhältnismäßig einfach.
Der Schall wird so geleitet, daß er eine Membrane in Schwingungen versetzt. An dieser Membran ist eine Nadel befestigt, die die Schwingungen in ein weiches Material einritzt. Wird nun dieses Material gehärtet, so kann der Vorgang umgekehrt werden. Die Nadel läuft in der Rille und versetzt dadurch die Membran in Schwingungen. Diese Schwingungen werden an die Luft weitergegeben und wir hören genau dieselben Töne, die vorher aufgenommen wurden.

Befestigt eine Nadel an einer Postkarte. Haltet nun die Nadel in die Rille einer laufenden Schallplatte.

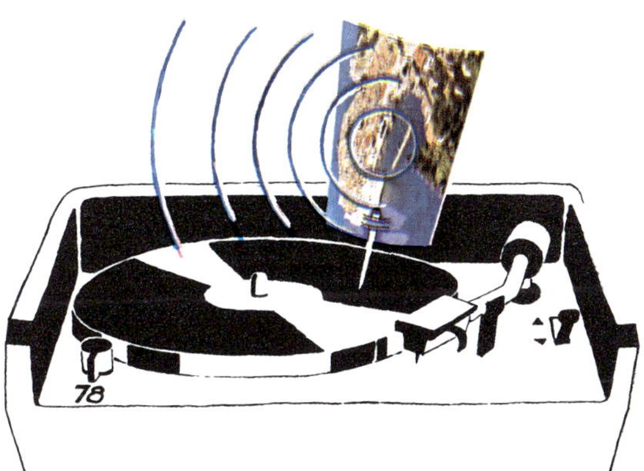

Plattenspieler um 1900

Dieses Prinzip ist auch heute noch die Grundlage der Schallplattentechnik. Verändert hat sich im wesentlichen, daß die Schwingungen der Luft von hochempfindlichen Mikrophonen aufgefangen und in elektrische Impulse umgewandelt werden. Bei der Schallplattenherstellung werden diese elektrischen Impulse in Bewegungen eines Schneidstichels umgewandelt, der die Rillen in die Schallplatte schneidet. Beim Abspielen der Schallplatte werden die Bewegungen des Diamanten in der Schallplattenrille erst in elektrische Impulse umgewandelt. Diese Impulse werden von einem Verstärker verstärkt und an die Lautsprecher weitergegeben. Im Lautsprecher werden die elektrischen Impulse umgewandelt in Schwingungen der Membran des Lautsprechers. Der Lautsprecher bringt die Luft wieder zum Schwingen: Wir hören Musik.

Erklärt das Grundprinzip des Plattenspielers.

5.4 Das Steuergerät

»Steuergerät« nennt man den Teil einer Stereoanlage, mit dem man den Ton »steuern« kann. An ihm befinden sich alle Bedienungsteile, die für die Tonqualität wichtig sind, sowie alle Bedienungsteile für den Rundfunkempfang. **A 21**

Das Steuergerät besteht aus zwei Einheiten, nämlich dem Verstärker und dem Rundfunkempfangsteil. Im Verstärker werden die elektrischen Impulse des Rundfunkempfangsteiles und aller anderen angeschlossenen Geräte wie Plattenspieler oder Kassettenrekorder verstärkt und an die Lautsprecher weitergegeben.
In der Abbildung ist ein typisches modernes Steuergerät zu sehen. Es verfügt über eine Vielzahl von Bedienungselementen.

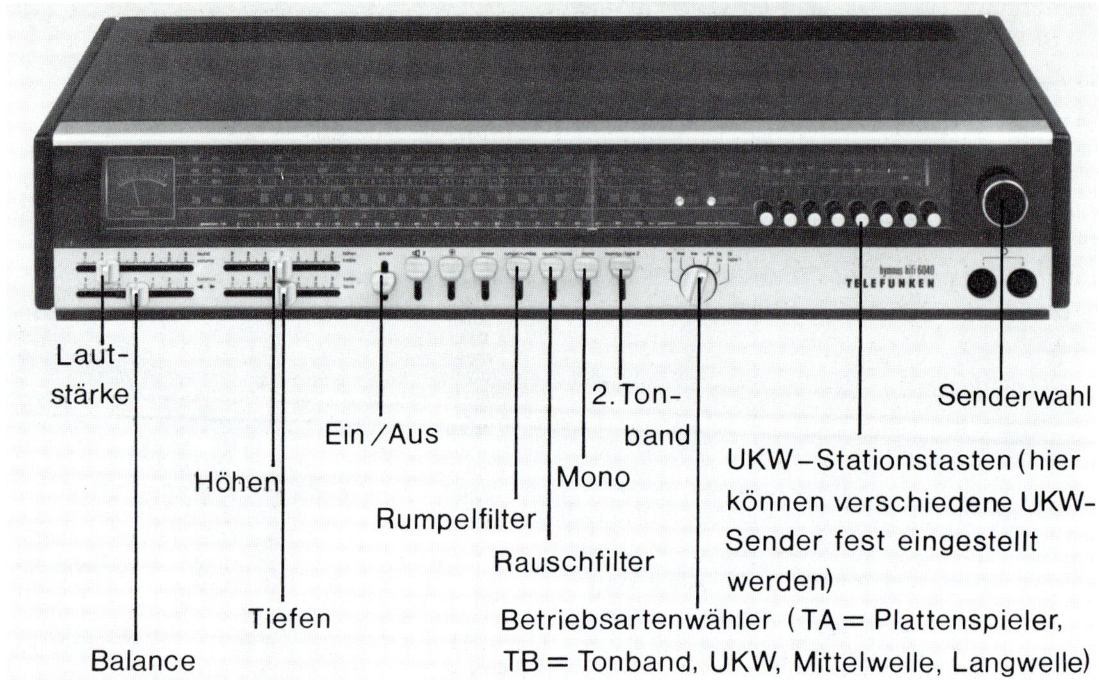

Steuergerät mit Verstärker und Rundfunkempfangsteil

Was die einzelnen Bedienungselemente verändern:

Lautstärke (Volumen)	laut – leise
Tiefen (Baß)	Durch den Tiefenregler kann die Wiedergabe des Frequenzbereichs von 30–300 Hz beeinflußt werden.
Höhen (Treble)	Regelt die Abdämpfung des Frequenzbereichs von 6000–16000 Hz.
Rauschfilter	Das Rauschen bei schlechten Schallplatten liegt im hohen Frequenzbereich. Dieser wird durch den Rauschfilter stark abgedämpft. Dieselbe Wirkung kann stufenlos auch durch den Höhenregler bewirkt werden.
Rumpelfilter	Das »Rumpeln« liegt meist am Plattenspieler und liegt im niedrigen Frequenzbereich. Der Rumpelfilter dämpft die Übertragung dieses Bereichs stark ab und beseitigt dadurch das Rumpelgeräusch. Dieselbe Wirkung kann auch durch den Tiefenregler bewirkt werden.
Balance	Mit dem Balanceregler kann die Lautstärke der beiden Stereolautsprecher einzeln reguliert werden. Durch Bewegen des Reglers nach rechts wird der linke Lautsprecher leiser und umgekehrt.

Bei den folgenden Hörbeispielen sollt Ihr hören, welcher der oben besprochenen Regler betätigt wird, und in welche Richtung dies geschieht. **H 32**

1. Welche zwei Haupteinheiten enthält ein Steuergerät?
2. Welches sind die wichtigsten Bedienungselemente eines Steuergerätes und zu welchem der beiden Hauptteile gehören sie?
3. Was verändern die einzelnen Bedienungselemente eines Steuergerätes?

5.5 Das Rundfunkprogramm

Rund um die Uhr versorgt uns der Rundfunk mit Nachrichten, Informationen und Unterhaltung. Einen großen Teil des Rundfunkprogrammes machen Musiksendungen jeder Art aus. Ein Rundfunkprogramm zusammenzustellen, ist nicht leicht, denn der

DI Hörfunk

3. Mai

Nachrichtenzeiten siehe Montag
Wellen Seite 61 ● = Stereo

SFB I

4.58 Ansage
5.05 ● Gute Laune durch Musik
5.50 Für den Tag
6.10 Werbefunk
7.05 Morgenpresse
8.55 Für den Tag
9.05 Schulfunk
9.05 Gesellschaft der Ungesunden
9.35 Verkehrsgerechtes Verhalten auf der Straße
9.50 Der SFB gratuliert
10.05 Behinderte Kinder
10.10 Werbefunk
11.06 Rund um die Berolina
11.45 Presseschau
12.06 Suchdienst
12.10 ● Berliner Komponisten
Kleve: Hillbilly. Immich: Vielleicht. Wüsthoff: All in good time. Flor: Zwei Züge. Pfrenger: Ich liebe die Sterne. Kötscher: Tango militaire. Mildbrand: Nie – nie – nie
Es singt: Greetje Kauffeld
12.31 Echo am Mittag
14.55 Berliner Börse
15.05 ● Schubert
Streichquartett B-dur, op. 168 Nr. 8
15.35 ● Ashkenazy und Milstein als Solisten
Rachmaninow: Konzert für Klavier und Orchester Nr. 2 c-moll, op. 18. Glasunow: Konzert für Violine und Orchester a-moll op. 82
16.30 ● O Musica, du edle Kunst
Chorlieder des 16 Jahrhunderts. Haßler: Nun fanget an ein gut's Liedlein zu singen. Anonym: Lieblich hat sich gesellet. Peuerl: O Musica, du edle Kunst. di Lasso: Annelein, du singst fein. Haßler: Feinslieb, du hast mich g'fangen u. a.
17.10 Wirtschaft
17.30 Aktuelles
18.15 Kirche im Gespräch
18.30 ● Hans Gal
Streichquartett Nr. 3
19.05 Ost-West-Journal
19.15 Hochschule und Gesellschaft
19.45 ● Modest Mussorgski
Bilder einer Ausstellung
Promenade / Gnomus / Das alte Schloß / Die Tuilerien / Bydlo / Tanz der Küken in ihren Eierschalen / Samuel Goldenberg und Schmuyle
20.20 Hörspiel
General Quixotte nach der gleichnamigen Komödie von Jean Anouilh mit Martin Held, Gisela Uhlen, Susi Borkowski, Helo Gutschwager, Lore Hartling u. a.
22.10 Politik
22.30 Das Thema
23.00 s f b 23
Haus der Gesundheit, 4. Stock
Psychiatrie und Psychotherapie in der DDR
0.06 Programm-Notizen
0.10 Ost-West-Journal
0.25–4.58 SFB II

Nur über UKW 98,2 MHz, Kanal 37
18.00–22.20 Für Ausländer

RIAS I

4.25 Rundschau am Morgen
6.15 Pressespiegel
6.27 Das Wort zum Tage
7.45 Pressespiegel
8.00 Berliner Teil mit Lokalnotizen und dem Ostberlinbericht
8.41 Frühkritik
8.50 Die RIAS-Illustrierte
9.35 Englisch
10.00 Das RIAS-Bildungsprogramm
Die Novellen der Königin von Navarra
10.35 Musik
Donizetti: Ouvertüre zu „Roberta d'Evereux, Conte d'Essex". Mozart: Zwei Sätze aus dem Divertimento B-dur, KV 287: 1. Allegro: 2. Thema mit sechs Variationen u. a.
11.35 Landfunk
11.45 Presseschau
11.55 Musik
12.00 Rundschau
14.45 Das Operetenalbum
Jessel: „Schwarzwaldmädel" – Erklingen zum Tanze die Geigen – Lockende Augen holder Sirenen – Malwine, ach Malwine – Mädel aus dem Schwarzenwald u. a.
Fall: „Die Kaiserin", Melodien aus der gleichnamigen Operette. Der liebe Augustin – Es war einmal ein Musikus – Madame Pompadour – Heut könnt einer sein Glück bei mir machen.
„Die Rose von Stambul", Introduktion zum 1. Akt der Operette. Der liebe Augustin – Laß dir Zeit – Der fidele Bauer – Heinerle, Heinerle, hab' kein Geld
15.45 Geschichte
16.00 Plattenteller
Heute mit den King's Singers, den Singers Unlimited, Oscar Peterson und Joe Pass
16.40 Rundschau am Abend
19.40 Schöne Musik
20.00 So war's vor 25 Jahren
– Mai 1952 –
Ein unterhaltsamer Rückblick von Heinz Schröter
Mit Beiträgen aus den Programmen der „Insulaner" und aus aktuellen Reportagen
20.45 Intermezzo
21.00 Zeitschriftenschau
21.30 Die aktuelle Stunde
22.40 Melodien
It's impossible (Manzanero). Limelight (Chaplin). Last Summer (Mantovani). Gwendolyne (Iglesias). If I only had Time (Fugain). Little green Apples (Russel). Fascination (Marchetti). Valse Capriccio (Grothe) / Julius Bassler, Klavier. Wenn der weiße Flieder wieder blüht (Doelle). Wer bist du, den ich liebe (Mackeben) u. a.
23.35 Nachtmusik
Madrigale, Villanellen und Chansons des 16. Jahrhunderts
Dazwischen: Dlugoraj: Fantasien und Villanellen für Laute. Danzi: Bläserquintett Es-dur op. 67,3 für Flöte, Oboe, Klarinette, Horn und Fagott
0.45 Blues in der Nacht
präsentiert Otis Spann und Mike Blumfield
1.35 Psychologie
1.50 Orchesterkonzert
Boieldieu: Konzert für Harfe und Orchester C-dur u. a.
2.35 Dream Concerto
präsentiert Wallenstein und Lucifer's Friends
3.35 Heiter und beschwingt
4.15 Sendeschluß

eine hört gern diese Musik, der andere gern jene. Die Verantwortlichen beim Sender müssen also darauf achten, daß für jeden etwas dabei ist.

Betrachtet das abgebildete Programm. A 22

Sind Musiksendungen dabei, die Ihr gerne hören würdet?

Welche der Musiksendungen sind Eurer Meinung nach für ältere Menschen? Woraus schließt Ihr das?

Stellt fest, wieviel Stunden Musik an diesem Tag gesendet werden.

Der Redakteur einer Sendung mit Unterhaltungsmusik muß sich genau überlegen, welche Musikstücke er in seiner Sendung spielt.

Wie sollte Eurer Meinung nach eine Rundfunksendung »Musik am Morgen« gestaltet sein? A 23

Welche der 12 Stücke auf der Schallplatte würdet Ihr für die Sendung »Musik am Morgen« auswählen? Warum? H 1

Ein Rundfunkredakteur, der für den Sender SFB die Musik für die Sendung »Echo am Morgen« zusammenstellt, schreibt über seine Arbeit:

Es gibt kein ideales Musikprogramm für alle Gelegenheiten, jede Tageszeit oder gar jeden Geschmack. Ein Musikprogramm muß darauf ausgerichtet sein, wer es hört oder hören soll, d. h. welche Gruppe unter den Hörern (unterschieden nach Alter, Geschlecht, Beruf, Bildungsstand, bestimmte

Blick in den Regieraum eines Rundfunkstudios. Im Vordergrund das Mischpult, mit dem die einzelnen Tonquellen, z.B. Stimme, Schallplatte, Tonband, ein- und ausgeblendet werden können.

Interessen usw.) möglicherweise überwiegt. Das Musikprogramm muß berücksichtigen, zu welcher Tageszeit es gehört wird und schließlich auch, unter welchen äußeren Bedingungen es gehört wird.
Auf die Sendung »Echo am Morgen« bezogen, heißt das: Zur Sendezeit (6.10–8.55 Uhr) gibt es kaum Hörer, die konzentriert zuhören können; fast alle tun etwas während sie hören, sie machen Toilette, frühstücken, fahren Auto, arbeiten usw. Deshalb werden für die Sendung Musikstücke mit einem hohen Wiedererkennungswert bevorzugt. Wiedererkennungswert heißt, daß die Musikstücke dem Hörer schon bekannt sind. Er soll sie sogar – wenn er will – mitsingen oder -summen können.
Umfragen haben gezeigt, daß sich im Verlauf einer Morgensendung der Altersdurchschnitt der Hörer erhöht. Man kann in der ersten Stunde ein »jüngeres« Programm machen, in der letzten ein »älteres«.

Entsprechend der Tageszeit wird eher schnellere als langsame Musik gespielt. Da eine möglichst breite Hörerschaft angestrebt wird, außerdem kein konzentriertes Hören erwartet werden kann, auch eher einfache als komplizierte Musik. Aus denselben Gründen eher harte als weiche Rhythmen, obwohl das auch von der jeweiligen Musikmode abhängt.
Schließlich ist darauf zu achten, daß nach einem Informationsbeitrag keine völlig unpassende Musik aufgelegt wird.
In der Praxis hat sich ein etwa gleichgroßes

Im Vordergrund zwei große Studio-Tonbandmaschinen, von denen die Musik einer Sendung eingespielt wird. Hinten der schalldichte Raum des Sprechers.

Verhältnis zwischen instrumental gespielten, ausländisch und deutsch gesungenen Titeln bewährt.
Das Musikprogramm wird jeweils einen Tag vor der Sendung nach den eben erwähnten Gesichtspunkten zusammengestellt und dann während der Sendung den Erfordernissen entsprechend geändert oder ergänzt.

In einer großen Kartei sind alle Musiktitel erfaßt, die im Tonarchiv des Senders vorhanden sind.

Zum Zusammenstellen des Musikprogramms steht das Schallarchiv des SFB mit mehreren zehntausend Titeln aus dem Bereich der Tanzmusik zur Verfügung. Aktuelle Schlagerplatten werden von mir auf Band umgeschnitten und ins Programm eingesetzt.

Klaus Sanders

Ihr könnt mit der ganzen Klasse oder in Gruppen versuchen, selbst eine Rundfunksendung für die Schule zusammenzustellen. Dabei können über ein kleines Tonbandmischpult (manche Tonbandgeräte haben ein eingebautes Mischpult) wie beim Rundfunk Musik und Sprache, z.B. Nachrichten aus Eurer Schule, gemischt werden und ineinander übergehen. Die meisten Schulen verfügen über eine Rundspruchanlage, an die Ihr Eure auf Band gespielte Sendung anschließen und in alle Klassenzimmer senden könnt. In Regenpausen ist eine solche Sendung eine willkommene Abwechslung.

Rundfunkanstalten in der Bundesrepublik
Folgende Rundfunkanstalten sind Einrichtungen der Bundesländer:

Radio Bremen
RB Bremen

Norddeutscher Rundfunk
NDR Hamburg

Westdeutscher Rundfunk
WDR Köln

Blick in das Tonarchiv einer Rundfunkanstalt.

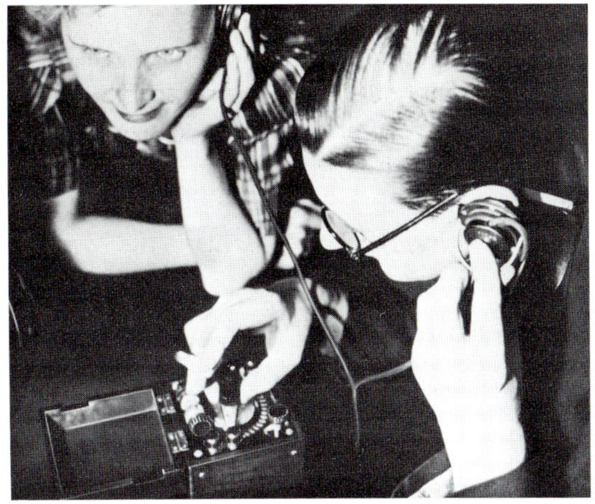

Rundfunkempfang um 1920. Damals wurde nur wenige Stunden am Tag gesendet. Die Empfangsqualität war noch sehr unzureichend.

Hessischer Rundfunk
HR Frankfurt

Saarländischer Rundfunk
SR Saarbrücken

Süddeutscher Rundfunk
SDR Stuttgart

Südwestfunk
SWF Baden-Baden

Bayerischer Rundfunk
BR München

Sender Freies Berlin
SFB Berlin

Zu welchen Bundesländern gehören die einzelnen Sender? A 24

Welche Sender könnt Ihr auf UKW gut empfangen?

Außer den Rundfunkanstalten der Länder gibt es noch drei weitere Sender:

Deutsche Welle
DW Köln

Deutschlandfunk
DLF Köln

Rundfunk im amerikanischen Sektor
RIAS Berlin

Diese drei Sender sind mit den Rundfunkanstalten der Länder zusammengeschlossen in der Arbeitsgemeinschaft der Rundfunkanstalten in Deutschland, ARD

Neben diesen deutschen Sendern gibt es auf dem Gebiet der Bundesrepublik noch einige ausländische Sender. Der bekannteste von ihnen ist der amerikanische Soldatensender AFN (American Forces Network).

1. Welche Rundfunkanstalten gibt es in der Bundesrepublik?
2. Was heißt ARD?

5.6 Playback im Fernsehen

Eine Musiksendung im Fernsehen. Der Zuschauer, der etwas von Musik versteht, wundert sich, weshalb die Sängerin ohne Mikrofon singt, ihre Stimme aber trotzdem klar und deutlich aus dem Lautsprecher kommt. Eine Band spielt im Studio, aber man sieht deutlich, daß an den elektrischen

Playback im Fernsehen

Schüler beim Playback

Gitarren gar keine Kabel befestigt sind. Trotzdem hört man deutlich die Elektrogitarren.
Wie geht das vor sich?
Im Regieraum des Fernsehstudios wird das Band der Originalaufnahme abgespielt und im Studio über Lautsprecher ausgestrahlt. Der Sänger oder die Band hören die Platte und tun so, als wenn das Stück gerade gesungen oder gespielt würde. Mit dem Bild der scheinbar spielenden Band wird der Ton vom Band ausgestrahlt. Für den Zuschauer ist praktisch nicht mehr zu erkennen, daß die Musik gar nicht »live« gemacht wird, sondern eine »Konserve« ist. Man nennt dieses Verfahren »Playback«.
Eine andere Art des Playback im Fernsehen, wie sie zum Beispiel in der Sendung »ZDF-Hitparade« angewandt wird, ist etwas komplizierter.
Hier bringt der Sänger ein sogenanntes Playback-Band mit. Auf diesem Band ist das gesamte Musikstück aufgezeichnet, nur seine Stimme fehlt. Hinter der Bühne wird das Band aufgelegt und der Sänger kann nun mit Mikrofon über einen eigenen Verstärker seinen Teil des Musikstückes dazusingen.

Versucht einmal selbst ein solches Playback! Bringt in die nächste Musikstunde eine Eurer Lieblingsplatten mit und tut so, als wenn Ihr der Sänger oder die Sängerin wärt. Die Lippenbewegungen müssen dabei ganz genau stimmen. Wenn Ihr die entsprechenden Instrumente in der Schule habt, könnt Ihr auch eine ganze Band nachahmen.

Vielleicht habt Ihr sogar eine Videoanlage mit Kamera in der Schule; dann könnt Ihr das Playback genauso aufnehmen, wie es beim Fernsehen gemacht wird.

5.7 Tonbandgerät und Kassettenrekorder

Mit dem Tonbandgerät und Kassettenrekorder verfügen wir über die Möglichkeit, selbst Tonaufnahmen zu machen. Diese Tonaufnahmen können abgehört und jederzeit wieder gelöscht werden.
1898 hat der dänische Ingenieur Poulsen das Verfahren entdeckt, das heute Grundlage fast aller Tonaufnahmen ist. Auch in der Schallplattentechnik wird der Ton nicht mehr direkt auf die Schallplatte aufgenommen, sondern ein Tonband mit der Auf-

Der Ur-Ahne des heutigen Tonbandgerätes wurde »tönender Draht« genannt.

Spulentonbandgerät

nahme angefertigt. Dieses Tonband wird bei der Herstellung der Schallplatte verwendet.

Poulsen benutzte für seine Aufnahmen kein Band, wie wir es heute kennen, sondern einfachen Eisendraht. Deshalb nannte man das Verfahren auch »tönender Stahldraht«.

Das Tonbandverfahren beruht auf der magnetischen Wirkung des elektrischen Stromes.

Blick in das Innere eines Spulentonbandgerätes.

Hier ist die Bandführung deutlich zu erkennen.

Die elektrischen Impulse, die vom Mikrophon oder Rundfunkgerät kommen, werden an den Aufnahmekopf des Tonbandgerätes geleitet. Dieser Aufnahmekopf besteht aus einem Elektromagneten. Je nach der Stärke der Impulse magnetisiert der Aufnahmekopf die kleinen Eisenoxidteilchen auf dem Tonband, das an ihm vorbeiläuft.

Bei der Wiedergabe wird der Vorgang umgekehrt: Das Tonband läuft am Wiedergabekopf, der aus einer Spule mit Eisenkern besteht, vorbei und die Anordnung der magnetisierten Eisenoxidteile wird wieder in elektrische Impulse umgewandelt. Die Impulse werden verstärkt und an den Lautsprecher geleitet: Wir hören Musik.

In den letzten Jahren ist das Tonbandgerät weitgehend vom Kassettenrekorder verdrängt worden.

Findet heraus, welche Art von Aufnahmegerät in Eurer Klasse mehr benutzt wird und warum.

Links der Löschkopf, der während der Aufnahme die frühere Aufnahme löscht. Rechts der Aufnahme- und Wiedergabekopf.

Welche Vorteile hat der Kassettenrekorder gegenüber dem Spulentonband?

Der Kassettenrekorder hat aber auch große Nachteile. Da das Band in der Kassette sehr langsam läuft, es außerdem sehr schmal ist, ist es sehr schwierig, dieselbe Tonqualität zu erreichen wie bei Spulengeräten.

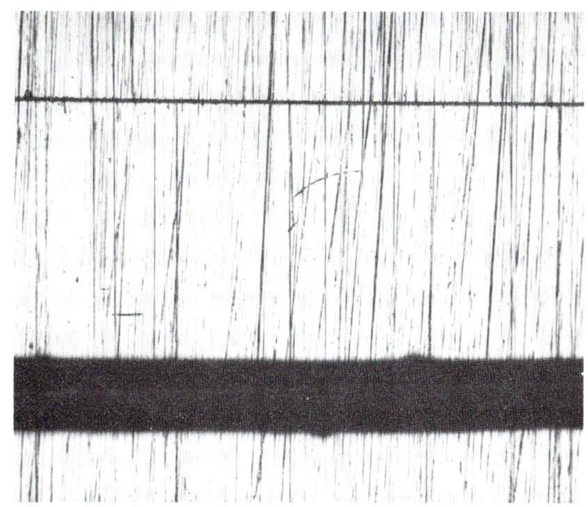

Spalt eines Tonkopfes auf dem Tonbandgerät. Der dicke, dunkle Balken ist ein menschliches Haar, das zu Vergleichszwecken dazugelegt wurde.

Vergleicht anhand von Katalogen den Frequenzbereich, der von Tonbandgeräten und Kassettenrekordern aufgenommen wird.

Vergleicht dabei auch die Preise von technisch gleichwertigen Tonbandgeräten und Kassettenrekordern.

Da im Musikunterricht viel mit dem Tonbandgerät gearbeitet wird, sollte jeder Schüler mit der Bedienung des Gerätes vertraut sein.
Obwohl sich die Geräte der verschiedenen Hersteller äußerlich oft stark unterscheiden, ist ihre Bedienung meist ähnlich.
Die wichtigsten Bedienungselemente und die für sie verwendeten Symbole:

Ein – Aus	● ○	Vorlauf	≫
Rücklauf	≪	Start	>
Aufnahme	▲	Stop	■
Pause		Lautstärke	

Stellt fest, wo diese Bedienungselemente beim Schultonbandgerät sind!

Die Anschlußbuchsen für Mikrophon, Radio, Plattenspieler und evt. ein zweites Tonbandgerät, sowie die Buchsen für den Anschluß eines Außenlautsprechers, befinden sich meist an der Rückseite des Gerätes.
Auch hier gibt es wieder leicht verständliche Symbole:

Radio	Plattenspieler

Mikrophon	Lautsprecher
	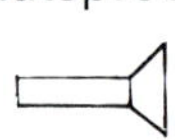

Stellt fest, wo sich die einzelnen Buchsen beim Schultonbandgerät befinden!

1. Zeichnet die Symbole für Rücklauf, Vorlauf, Start und Lautstärke!
2. Zeichnet die Symbole für den Anschluß von Radio, Plattenspieler, Mikrophon und Lautsprecher!

5.8 Aufnehmen mit dem Tonbandgerät

Benötigt wird ein Tonbandgerät mit Leerspule, ein Tonband und ein Mikrophon.

1. Vorbereitungen zur Aufnahme

a) Gerät mit dem Stromnetz verbinden und einschalten
b) Tonband auflegen
c) Zählwerk auf 000 stellen
d) Geschwindigkeit wählen
Meist stehen drei Geschwindigkeiten zur Wahl: 4,75 cm/sec, 9,5 cm/sec und 19 cm/sec. Die Qualität der Aufnahme ist am besten bei 19 cm/sec.
e) Mikrophon in die mit dem entsprechenden Symbol bezeichnete Buchse am Tonbandgerät stecken.

2. Aussteuern der Aufnahme

Damit eine gute Aufnahmequalität gelingt, muß die Aufnahme richtig ausgesteuert werden. Bei vielen Geräten geschieht diese Aussteuerung automatisch, doch ist auch die Aussteuerung von Hand nicht schwierig. An jedem Tonbandgerät befindet sich ein Anzeigeinstrument, an dem man die Stärke der elektrischen Impulse ablesen kann, die auf das Band gelangen.

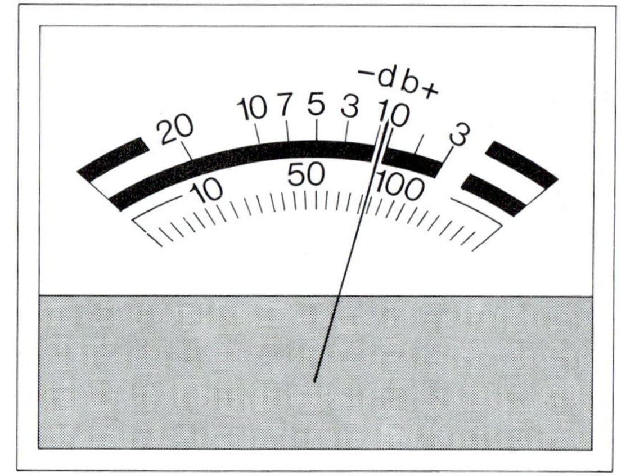

Die beste Aufnahmequalität wird erreicht, wenn das Anzeigeinstrument an der lautesten Stelle bis 0 ausschlägt.
Um dies zu erreichen, muß die Pausentaste gedrückt werden, dann wird auf Aufnahme geschaltet. Nun wird die lauteste Stelle des Stückes gespielt, das aufgenommen werden soll, und dabei wird der Aussteuerungsregler so bewegt, daß das Anzeigeinstrument an dieser Stelle bis 0 ausschlägt.
Der Abstand vom Mikrophon sollte beim Sprechen nicht weniger als 30 cm, beim Singen oder Spielen nicht weniger als 80 cm betragen.

3. Aufnahme

Die Aufnahme kann nun beginnen. Dazu muß nur die Pausentaste gelöst werden.
Nach Beendigung der Aufnahme wird die Stopptaste gedrückt und das Band bis 0 zurückgespult.
Durch Drücken der Starttaste kann jetzt die Aufnahme abgehört werden.
Moderne Tonbandgeräte verfügen oft noch über Trickmöglichkeiten. Die beiden wichtigsten sollen hier erklärt werden. Wie diese Tricks gemacht werden, liest man am besten in der Bedienungsanleitung des Gerätes nach.

Multiplay
Tonbandtechnik. Im Gegensatz zum Playback wird hier auf der zweiten Spur die zweite Aufnahme mit der Aufnahme der ersten Spur schon gemischt aufgezeichnet. Zu dieser Aufnahme kann dann eine weitere Stimme, Instrument usw., jetzt wieder auf der ersten Spur aufgezeichnet werden und so fort.

Playback
Tonbandtechnik. Die Wiedergabe mit gleichzeitiger Aufnahme auf gesonderter Spur desselben Bandes, z.B. Gesangsaufnahmen zu vorhandener Musik. Beim gleichzeitigen Abspielen ertönen dann beide Aufnahmen zusammen, auch Duoplay oder Synchroplay genannt. Auch zu Überspielungen bei Aufnahmen für Hörspiele und in der Schallplattenindustrie angewendet.
(Nach UHER-Report. Werbekatalog der Fa. Uher)

5.9 Die Toncollage

Aus dem Zeichenunterricht ist der Begriff »Collage« wahrscheinlich bekannt. Es handelt sich dort um eine Klebearbeit, bei der aus schon vorhandenen Photos oder Zeitungsbildern ein neues Gesamtbild erstellt wird. Dieser Begriff wurde in die Musik übernommen.
Die musikalische Arbeit geschieht bei der Toncollage vor allem mit dem Tonbandgerät. Bereits vorhandene Tonbandaufnahmen werden verändert und zu einem neuen Stück zusammengeschnitten.
»Geschnitten« heißt es, weil bei solchen Arbeiten meist das Tonband an bestimmten Stellen abgeschnitten und an anderen wieder zusammengeklebt wird.
Auch in der modernen Popmusik wird übrigens ab und zu mit der »Toncollage« gearbeitet.
Bei der Toncollage können eine Menge Effekte erzeugt werden: Man kann das Band rückwärts laufen lassen.
Man kann das Band schneller oder langsamer als im Original ablaufen lassen.
Man kann völlig verschiedene Klangeindrücke aufeinanderfolgen lassen.
Wenn man über ein Mischpult verfügt, kann man die verschiedenen Klänge auch ineinander übergehen lassen.

Hört Euch auf der Schallplatte das Beispiel einer Toncollage an, die mit Hilfe eines kleinen Mischpultes hergestellt wurde. H 33

Als Material für diese Toncollage wurden folgende Aufnahmen verwendet:
Beethoven, 5. Sinfonie, Anfang des 1. Satzes
Deep Purple, Machine Head
Vogelgezwitscher
Bremsen eines Autos

Versucht herauszubekommen, in welcher Reihenfolge, und wie diese Aufnahmen in der Collage verwendet werden!

Versucht selbst in Gruppen eine Toncollage zu erstellen. Dabei geht Ihr am besten nach folgendem Plan vor:
1. *Festlegen, welches Material verwendet werden soll.*
2. *Auf dem Arbeitsbogen* (A 25) *notieren, wie lange und wie das Material verwendet werden soll.*
3. *Das Material auf Band aufnehmen. Stücke, die später bei der Bandgeschwindigkeit von 9,5 cm/sec halb so schnell sein sollen, mit 19 aufnehmen; Stücke, die doppelt so schnell sein sollen, mit 4,75 cm/sec aufnehmen. Stücke, die später rückwärts gespielt werden sollen, müssen auf der anderen Spur des Bandes aufgenommen werden! (Das Band kann nur bei 2-Spur-Stereo-Geräten rückwärts abgespielt werden!)*
4. *Nach jeder Aufnahme eines Stückes das Band abschneiden. Vorsicht! Genau kennzeichnen, welches Stück auf welchem Bandabschnitt ist!*
5. *Entsprechend dem Plan die Tonbandabschnitte zerschneiden. 10 cm Band entsprechen ungefähr einer Sekunde Spielzeit.*
6. *Die Tonbandabschnitte in der geplanten Reihenfolge zusammenkleben.*

Das Kleben des Tonbandes:
Es gibt besondere Klebebänder für Tonband zu kaufen, aber auch Klebebänder, wie sie im Haushalt und Büro verwendet werden, erfüllen den Zweck.
1. Die beiden Bandenden, die zusammengeklebt werden sollen, auf einer Länge von etwa 2 cm genau übereinanderlegen.
2. Beide Bandenden gleichzeitig schräg durchschneiden.
3. Die beiden neuentstandenen Enden auf dem Klebeband genau aneinanderlegen. Die glatte Seite der beiden Enden muß oben liegen.
4. Klebeband über die Nahtstelle kleben.
5. Klebeband an beiden Seiten des Tonbandes abschneiden.

5.10 Musique concrète

Mit der Erfindung der Tonbandaufzeichnung und -wiedergabe entstanden völlig neue Möglichkeiten für die Entwicklung der Musik. War man bis dahin ganz auf die herkömmlichen Instrumente angewiesen, so konnte nun jegliche Art von Geräuschen aufgenommen und beliebig oft wiedergegeben werden.
In der Musikgeschichte sind viele Beispiele zu finden, in welchen Komponisten versucht haben, Geräusche mit herkömmlichen Instrumenten nachzuahmen. Beispiele sind das Rauschen des Wassers in Smetanas »Die Moldau«, Vogelgezwitscher und ein Gewitter in der 6. Sinfonie von Beethoven oder das Rollen eines alten Fuhrwerkes in »Bilder einer Ausstellung« von Moussorgski. Als musikalische Revolution galt es zu Beethovens Zeiten, als er in einem seiner Werke Kanonenschüsse nachahmte. Heute hätte Beethoven sicher von der Möglichkeit Gebrauch gemacht, den Kanonendonner vom Tonband einzuspielen.
Das erste brauchbare Tonbandgerät wurde 1935 von der Firma AEG entwickelt. Wie auf dem Bild zu sehen ist, war dieses Gerät im Vergleich zu heutigen noch sehr unhandlich und wurde fast nur in Rundfunkstudios verwendet.
Eines der musikalischen Ergebnisse der Entwicklung der Tonbandaufzeichnung war die »konkrete« Musik, die »Musique concrète«. Sie verwendet Material aus allen Bereichen des Hörbaren und ordnet dieses Material verändert oder unverändert zu einem Musikwerk. Als Schöpfer dieser Richtung gilt der Franzose Pierre Schaeffer, der 1948 erstmals mit aufgezeichneten Geräuschen experimentierte.
Luc Ferrari benutzt in dem Stück »Presque Rien Nr. 1« Tonbandaufnahmen vom Tagesanbruch am Meeresstrand. Die Aufnahmen von einer Dauer von mehreren Stunden wurden von ihm durch Schneiden und Kleben des Bandes auf 20 Minuten gekürzt und ansonsten unverändert gelassen.

Hört Euch den Anfang des Stückes »Presque Rien Nr. 1« an und macht Euch dazu beim Hören folgende Notizen auf eine Tabelle: **H34**

Art der Geräusche, Lautstärke der Geräusche, Dauer der Geräusche.

Welche Merkmale, die Eurer Meinung nach zu Musik gehören, enthält das Stück, welche fehlen?

Was müßte man unter Musik verstehen, damit auch dieses Stück als Musik bezeichnet werden kann?

Hört Euch das Hörbeispiel noch einmal an und malt dazu, was Ihr Euch dabei vorstellt.

Überlegt, mit welcher anderen Art von Kunst sich dieses Musikstück vergleichen läßt.

Versucht selbst ein solches Stück zu einem von Euch gewählten Thema herzustellen.

Benutzt Teile des Stückes als Material und erstellt damit eine Toncollage. Dabei könnt Ihr noch zusätzliches Material verwenden und die Klänge verändern.

Die Entwicklung der modernen Rockmusik wurde stark von der Musique concrète beeinflußt. So verwenden z.B. die Gruppen Pink Floyd und The Beatles Tierlaute vom Band auf den Platten »Animals« und »Sergeant Peppers lonely hearts Club band«, die Gruppe Vanilla Fudge spielt auf der Platte »The beat goes on« Bänder von politischen Reden und Kriegsgeräusch ein, auf der Platte »Atom Heart Mother« von Pink Floyd startet gar ein Motorradfahrer vom Tonband.

Sucht andere Stücke aus der Rockmusik, in welchen Geräusche aus dem Alltag verwendet werden. Sprecht über die Art und Weise, wie diese Geräusche in den Stücken eingesetzt werden.

Foto: Erstes Tonbandgerät aus dem Jahr 1935.

6. Musik nach Programm

In unserer Umwelt gibt es Geräusche, die sich oft wie »Musik« anhören, z. B. das Zwitschern der Vögel oder das Rauschen eines Flusses. Manche dieser Geräusche kann man mit musikalischen Mitteln nachahmen. Solches Nachahmen nennt man in der Musik Tonmalerei. So, wie der Maler mit seinen Farben die Natur »abmalt«, so versuchen manche Komponisten, die Natur mit Tönen »abzumalen«.

Versucht Geräusche, die Euch in der Natur oder der Technik begegnen, mit der Stimme oder mit Instrumenten nachzuahmen.

Auf der Schallplatte hört Ihr das Stück »Ballett der Kücken in ihren Eierschalen« aus dem Werk »Bilder einer Ausstellung« des russischen Komponisten Modest Mussorgski, der Ende des letzten Jahrhunderts lebte. Es handelt sich bei dieser Aufnahme um eine mit Hilfe der Playback-Technik (vgl. S. 53) mit dem elektronischen Instrument Synthesizer hergestellte Fassung. **H 35**
Das Werk wurde ursprünglich für Klavier komponiert.

Stellt fest, welche Geräusche aus der Natur in dem Stück nachgeahmt werden!
Versucht in Gruppen das Stück nachzuspielen.
Verwendet dazu die Stimme.
Vielleicht könnt Ihr Euch zum Vergleich das Original oder die Orchesterfassung von Ravel anhören.

Will ein Komponist in einem Musikstück Vorgänge aus der Umwelt oder dem menschlichen Leben schildern, so spricht man von Programmusik. Man hat diesen Begriff gewählt, weil der Komponist seine Musik nach einem »Programm« komponiert, das nicht nach musikalischen Gesichtspunkten aufgebaut ist, sondern anderen Bereichen des Lebens entnommen ist.
Eine Form der Programmusik, wie die Musiker sagen, ist die, eine Geschichte mit musikalischen Mitteln zu erzählen. Da man aber aus der Musik alleine nicht erkennen würde, um welche Geschichte es sich handelt, haben die meisten Komponisten bei ihren Stücken mit Worten erklärt, um was es bei der Geschichte geht.

Denkt Euch in Gruppen kurze Geschichten aus und überlegt, wie man diese Geschichten musikalisch »erzählen« könnte. Erlaubt sind dabei natürlich alle Instrumente und alles, was sonst noch Geräusche macht. Die Planung macht Ihr am besten auf dem Arbeitsbogen. Erklärt anschließend der Klasse die Geschichte und spielt sie vor. **A 26**

Damit Euch die Arbeit leichter fällt, noch ein paar Stichworte über die Möglichkeiten, die Ihr habt: Ihr könnt einzeln oder gemeinsam spielen, laut oder leise spielen, schnell oder langsam, hoch oder tief ... Am besten ist es natürlich, wenn diese verschiedenen Möglichkeiten sich entsprechend dem Inhalt der Geschichte abwechseln.

1. Was bedeutet der Begriff »Tonmalerei«?
2. Was bedeutet der Begriff »Programmmusik«?

6.1 Der Elefant

Der französische Komponist Camille Saint-Saëns komponierte eine Reihe von Stücken mit dem Titel »Karneval der Tiere«. Er schrieb diese Stücke einfach aus Spaß für seine Schüler und versuchte bei verschiedenen Tieren, sie musikalisch darzustellen. Eines dieser Stücke heißt »Der Elefant«.

Überlegt Euch zunächst folgende Fragen:

Welche besonderen Eigenschaften hat ein Elefant? **A 27**

Welche Instrumente würdet Ihr wählen, wenn Ihr ein Stück über Elefanten komponieren würdet?

Welche Lautstärke- und Tempobezeichnungen würdet Ihr angeben?

Eignen sich hohe oder tiefe Töne besser für ein solches Stück?

Versucht nun auf den verfügbaren Musikinstrumenten und mit anderen Geräuschquellen Eure Vorstellungen von einem Stück »Der Elefant« zu verwirklichen.

Hört Euch das Stück »Der Elefant« von Saint-Saëns an. H 36

Welche Instrumente stehen bei dem Stück im Vordergrund?

Aus welchem Grund hat Saint-Saëns wahrscheinlich diese Instrumente gewählt?

So sieht die Melodie des Stückes »Der Elefant« im Notenbild aus.

Je nachdem, wieweit Eure Kenntnisse schon sind, könnt Ihr folgende Aufgaben bewältigen.
Versucht beim Hören mitzulesen.
Klopft den Rhythmus der ersten beiden Zeilen und stellt fest, bei welchen Takten der Rhythmus in der zweiten Zeile verändert ist.
Zwei Zeilen haben genau dieselbe Melodie und denselben Rhythmus. Welche?

Einen besonderen Scherz machte Saint-Saëns, indem er zwei Melodien anderer Komponisten »klaute« und sie verändert in sein Stück einbaute. Die erste Melodie ist das Thema aus dem »Tanz der Sylphiden« von Hector Berlioz. H 37

Hört den »Elefanten« noch einmal an und stellt fest, wo diese Melodie zu hören ist. Wie wurde sie verändert? Denkt vor allem an Instrumente, Tonhöhe und Tempo.

Stellt anhand eines Vergleichs der Notenbilder fest, welche Takte des »Elefanten« die Melodie von Berlioz enthalten!

Die zweite Melodie, die Saint-Saëns übernimmt und seinen Vorstellungen über Elefanten entsprechend verändert, wurde von Felix Mendelssohn-Bartholdy komponiert. Sie stammt aus dem Scherzo des Werkes »Ein Sommernachtstraum«. H 38

Versucht auch hier festzustellen, wie Saint-Saëns die Melodie verändert, um ihren Charakter den Merkmalen eines Elefanten anzupassen.

Thema aus »Tanz der Sylphiden«

Thema aus »Der Sommernachtstraum«

7. Musik als Signal

Bis in die früheste Geschichte kann man die Bedeutung verfolgen, die Musik bei der Verständigung von Menschen untereinander hat. Schon lange vor der Erfindung des Telephons konnten sich Dörfer und Stämme über bestimmte Ereignisse durch Schall unterrichten. Bei dieser Verständigung spielte der Rhythmus die größte Rolle. Für bestimmte Nachrichten wurde ein Rhythmus vereinbart, der in Afrika z. B. auf Trommeln geschlagen wurde und über Kilometer hinweg gehört werden konnte.

Überlegt, für welche wichtigen Nachrichten die Negerstämme in Afrika wahrscheinlich bestimmte Rhythmen vereinbart hatten.

Auch heute noch spielt in manchen Zusammenhängen der Rhythmus eine Rolle in der Nachrichtenübermittlung; z. B. werden in den Gefängnissen oft Nachrichten durch Klopfzeichen an die Wand von Zelle zu Zelle weitergegeben.

Überlegt Euch Klopfzeichen für Nachrichten, die ein Schüler an den anderen weitergeben will und erprobt, ob Eure Signale verstanden werden.

Bevor es Sprechfunk gab, wurden Telegramme oder Nachrichten von Schiffen durch Morsen weitergegeben. Jeder Buchstabe hat beim Morsen einen bestimmten Rhythmus, so daß jede beliebige Nachricht übermittelt werden kann. Das ganze System des Morsens beruht dabei nur auf der Verbindung von kurzen und langen Signalen. Ein Punkt steht für »kurz«, ein Strich für »lang«.

Laßt einen Schüler auf einem Instrument ein Wort morsen und versucht es zu verstehen!

Morsealphabet

Buchstabe	Zeichen	Buchstabe	Zeichen
a	·–		
		n	–·
ä	·–·–	o	–––
b	–···	ö	–––·
c	–·–·	p	·––·
ch	––––	q	––·–
d	–··	r	·–·
e	·	s	···
f	··–	t	–
g	––·	u	··–
h	····	ü	··––
i	··	v	···–
j	·–––		
		w	·––
k	–·–	x	–··–
l	·–··	y	–·––
m	––	z	––··

Zahlen:

1	·––––	Punkt	······
2	··–––	Komma	·–· ·–
3	···––	Strichpunkt	–· ·–·
4	····–	Fragezeichen	··––··
5	·····	Ausrufezeichen	––··––
6	–····	Bindestrich	–···–
7	––···	Bruchstrich	–··–··
8	–––··		
9	––––·		
10	–––––		

Neben Signalen, die nur aus einem Rhythmus bestehen, gibt es auch Signale, die eine Verbindung von Rhythmus und Melodie sind. Ebenso wie beim Rhythmus muß auch die Melodie eines Signales eindeutig und unverwechselbar sein, damit das Signal gut verstanden werden kann.
Jeder Rundfunksender hat ein solches Signal, das in Sendepausen ausgestrahlt wird. Der Hörer erkennt an dem Signal, welchen Sender er eingestellt hat.

Welche Signale von Rundfunkanstalten kennt Ihr? Versucht zu Hause möglichst viele solcher Signale auf Tonband oder Kassette zu sammeln, und spielt sie in der Schule vor.

Manche Sendungen in Rundfunk und Fernsehen erkennt man sofort an der Musik, die am Anfang oder manchmal auch am Ende der Sendung gespielt wird. Diese Musik ist unterschiedlich lang, manchmal handelt es sich sogar um ganze Musikstücke. Als Erkennungsmusik ist sie aber ein Signal, das dem Hörer oder Zuschauer sagen will: Jetzt kommt diese oder jene Sendung.

Welche Sendungen kennt Ihr, die solche Erkennungsmusik haben?

Nehmt zu Hause die Erkennungsmusik auf. In der Schule könnt Ihr erproben wer weiß, zu welcher Sendung die Musik gehört.

Überlegt, in welchen anderen Bereichen die Musik als Signal noch eine Rolle spielt!

7.1 Das Posthorn

Welche Aufgaben das Blasen des Posthornes in der Zeit hatte, in der Post- und Personenbeförderung noch mit Pferd und Kutsche vor sich ging, ist der »Anleitung zum Blasen des Signal-Posthorns« von 1905 zu entnehmen:

Ia. Zweck des Posthorns.
Vor der Abfahrt jeder der Personenbeförderung dienenden Post muß der Postillion durch dreimaliges Blasen auf dem Posthorn den Reisenden das vorgeschriebene Zeichen zum Einsteigen geben. Auch muß er bei jeder Postbeförderung ohne Unterschied das für die Postengattung vorgeschriebene Ankunftssignal blasen, sobald er sich einer Postanstalt nähert. Gehören zu einer Post Beiwagen, so sind diese der Postanstalt am Endpunkt der Fahrt mit anzukündigen. Ebenso ist bei Extraposten, welche von dem Stationsorte, wohin sie der Postillion befördert, sogleich weitergehen, die Zahl der Pferde und, wenn bei Extraposten Posthaltereiwagen benutzt werden, auch die Zahl der Wagen mit anzugeben.
Ferner muß der Postillion in einiger Entfernung von den zur Personenaufnahme bestimmten unterwegs gelegenen Haltestellen, vor geschlossenen Toren, vor Wegegeldhebestellen oder Schlagbäumen, beim Einfahren in Hohl- oder enge Waldwege, zum Heranrufen von Fähren usw., überhaupt stets dann blasen, wenn es erforderlich oder nützlich ist, die Ankunft der Post bemerkbar zu machen.
In der Nähe einer Kirche darf während des Gottesdienstes nicht geblasen werden.
Im Falle eintretender Gefahr wird als Hilferuf das »Notsignal« geblasen.
Dem Postillion ist nicht gestattet, das Zeichen zum Ausweichen usw. statt mit dem Posthorn durch Knallen mit der Peitsche zu geben.
Bei allen diesen so wichtigen Dienstleistungen soll der Postillion bestrebt sein, die vorgeschriebenen Dienstsignale recht deutlich anzugeben, damit dieselben dem Publikum recht verständlich sind, vor allem auch dasselbe vor Unglücksfällen bewahren helfen. Von einem in seinem Beruf aufgehenden echten und rechten Postillion darf man erwarten, daß er die Fahrgäste nicht nur schnell und sicher befördert, sondern ihnen auch durch kunstvollen Vortrag lieblicher schlichter Stücklein auf dem Posthorn die Fahrt angenehm zu machen versteht. Gar mancher blinkende Preis bezeugte den Dank der erfreuten Hörer. Der beste Lohn jedoch bleibt die durch das Posthorn gehobene Berufsfreude des Postillions.
(F. Krekeler, Anleitung zum Blasen des Signal-Posthorns, Breitkopf und Härtel, Leipzig 1905, S. 75f.)

Posthornsignale für den Dienstgebrauch der Deutschen Reichspost

Nr. 1. Für Estafetten (eilige Boten zu Pferde).

Nr. 2. Für Kuriere.

Nr. 3. Für Extraposten.

Nr. 4. Für Personenposten

Nr. 5. Für Güterposten

Nr. 6. Für Briefposten (Reitposten).

Nr. 7. Notsignal (Lang und stark gehaltene Töne).

Zahl der Pferde zu Nr. 1, 2 und 3

Zahl der Neben- und Beiwagen zu Nr. 2, 3, 4, 5.

Die Melodien der Posthornsignale sind alle aus den Tönen eines Dreiklanges zusammengesetzt. Vergleicht dazu, was im Kapitel »Die Dreiklänge« (S. 138) steht, und stellt fest, um welchen Dreiklang es sich handelt.

Oft bestehen die Pausenzeichen in Schulen ebenfalls aus Dreiklangstönen. Wie verhält es sich damit in Eurer Schule?

Erfindet eigene Signale aus Dreiklängen. Singt sie vor oder spielt sie auf Stabspielen. Vereinbart für diese Signale Bedeutungen und benutzt sie bei den entsprechenden Gelegenheiten.

Hört Euch die Signale an und lest das Notenbild dabei mit. **H 39**

Um welche drei Signale handelt es sich bei dem folgenden Hörbeispiel? **H 40**

Bei welchem der Signale ist der Schluß gleich?

Spielt die Rhythmen der Signale auf einer Trommel nach. Wo liegen die rhythmischen Unterschiede zwischen den Signalen?

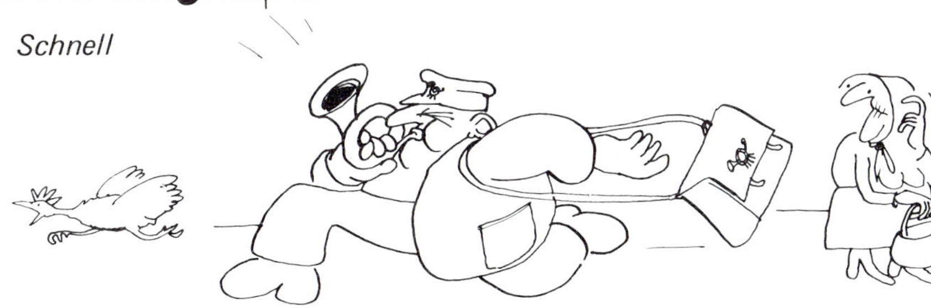

(F. Krekeler, Anleitung zum Blasen des Signal-Posthorns, Breitkopf und Härtel, Leipzig 1905, S. 40/41)

8. Die Instrumente

8.1 Das Schlagzeug

Unter dem Begriff Schlagzeug kann man zweierlei verstehen: In der Umgangssprache ist damit meist das »Schlagzeug« gemeint, das als Instrument in der Unterhaltungsmusik verwendet wird. Man kann unter dem Begriff »Schlagzeug« aber auch eine ganze Gruppe von Schlaginstrumenten verstehen, wie sie im großen Orchester eingesetzt werden.
Bei Schlaginstrumenten entsteht der Ton dadurch, daß Materialien wie Metall, Fell oder Holz durch einen Schlag in Schwingungen versetzt werden. Diese Schwingungen werden an die Luft weitergegeben und erreichen so unser Ohr.
Das Schlagzeug, wie es in der Unterhaltungsmusik verwendet wird, besteht aus verschiedenen Instrumenten, die von einem Musiker gespielt werden. Die Grundausrüstung eines solchen Schlagzeuges besteht aus: Kleiner Trommel, großer Trommel, Hänge-Tom-Tom, Stand-Tom-Tom, Becken und Beckenmaschine.

Bezeichnet auf dem Arbeitsbogen die verschiedenen Teile des Schlagzeuges. A 28

Jeder Teil des Schlagzeuges hat einen anderen Klang. Der Klang kann bei den Trommeln durch die Spannung des Felles höher oder tiefer gestellt werden.

Stellt durch Erprobung fest, wie sich der Klang bei größerer Spannung verändert.

Auf der Schallplatte sind die einzelnen Teile des Schlagzeuges zu hören. Versucht Euch den Klang einzuprägen und wiederzuerkennen. H 41

In welcher Reihenfolge werden auf der Schallplatte die einzelnen Teile des Schlagzeuges gespielt? H 42

Gespielt wird das Schlagzeug entweder mit Holzstöcken oder mit »Besen«. Die »Besen« bestehen aus einem Fächer von feinen und schmalen Metall- oder Kunststoffblättern, die an einem Griff befestigt sind.
Mit den Besen können die einzelnen Teile des Schlagzeuges auch durch Reiben zum Klingen gebracht werden.
Die besondere Wirkung des Schlagzeuges besteht in der Unterhaltungsmusik darin, daß ein meist gleichbleibender Rhythmus gespielt wird, bei dem die einzelnen Teile des Schlagzeuges verschiedene rhythmische Bedeutung haben.

Versucht einen solchen Rhythmus am Schlagzeug zu finden und zu spielen. Nehmt dazu einen langsamen 4/4-Takt, bei dem der Rhythmus sich immer nach einem Takt wiederholt.
Hört Euch auf der Schallplatte verschiedene Schlagzeugrhythmen an. Versucht zu erkennen, wie die einzelnen Instrumente des Schlagzeuges dabei eingesetzt werden.
H 43

1. Aus welchen Teilen besteht die Grundausrüstung eines Schlagzeuges?
2. Womit wird das Schlagzeug gespielt?
3. Welche Aufgabe hat das Schlagzeug in der Unterhaltungsmusik?
4. Wie entsteht der Ton bei Schlaginstrumenten?

8.2 Die Geige

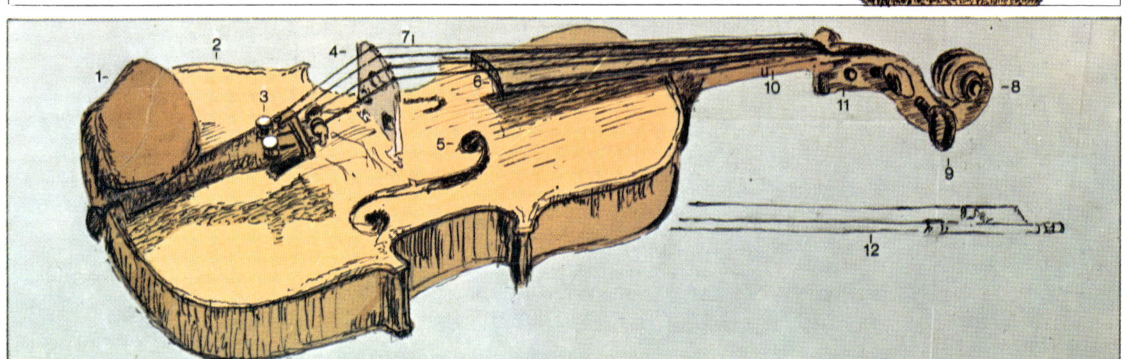

1 Kinnstütze; 2 Korpus; 3 Saitenhalter mit Feinstimmer; 4 Steg; 5 F-Loch; 6 Griffbrett; 7 Saiten; 8 Schnecke; 9 Wirbel; 10 Hals; 11 Wirbelkasten; 12 Streichbogen

Geiger, Cellist und Kontrabassist beim Spiel

Die Geige ist das am höchsten klingende der vier wichtigsten Streichinstrumente. Diese vier Instrumente sind: Geige, Bratsche, Cello, Kontrabaß. A 29
Die Geige wird oft auch Violine genannt. Eingesetzt wird die Geige vorwiegend in der klassischen Musik, aber auch in anderen Musikarten hat sie ihren festen Platz. Selbst moderne Pop-Gruppen setzen ab und zu Geigen in ihren Stücken ein.
Der Aufbau einer Geige ist auf den ersten Blick unkompliziert und überschaubar. Doch gerade von der Bauweise und natürlich von der Qualität des Holzes und des Lackes hängt der Klang einer Geige ab.
Die Geige besteht aus dem Korpus, dem Hals, dem Griffbrett, dem Saitenhalter, dem Steg und den Saiten. Die Saiten haben die Stimmung g, d, a, e. Am Ende des Halses befindet sich der Wirbelkasten mit den vier Wirbeln, mit denen die Saiten gestimmt werden. Der Wirbelkasten läuft in einer »Schnecke« aus. Gespielt wird die Geige mit einem Streichbogen, der mit Roßhaar bespannt ist.
Übertragt die Bezeichnungen für die Teile der Geige auf den Arbeitsbogen.
Streicht man mit dem Bogen über eine Saite, so wird diese Saite in Schwingungen versetzt.

1. Wie wird die Geige noch genannt?
2. Wie entsteht der Klang einer Geige?
3. Aus welchen Teilen besteht eine Geige?
4. Wie heißen drei weitere wichtige Streichinstrumente?

8.3 Der Kontrabaß

Der Kontrabaß ist das am tiefsten klingende Streichinstrument. Durch ihn wird das Klangbild eines Musikstückes nach unten abgeschlossen. Dabei übernimmt der Kontrabaß meist harmonische Aufgaben; selten wird der Kontrabaß eingesetzt, um die Melodie eines Stückes zu spielen.
In der klassischen Musik werden die vier Saiten des Kontrabasses meist mit einem Bogen gestrichen, im Jazz werden sie in der Regel mit den Fingern der rechten Hand gezupft. Die Stimmung des Kontrabasses ist wie bei den tiefen Saiten der Gitarre e, a, d, g.
In der Unterhaltungsmusik ist der große und unhandliche Kontrabaß inzwischen fast

vollständig von der elektrisch verstärkten Baßgitarre verdrängt worden.

Hört Euch die Hörbeispiele an und stellt fest, welche Baßstimme zu welchem Musikstück gehört! H 44/H 45

1. Wie werden beim Kontrabaß die Saiten in Schwingungen versetzt?
2. Wie viele Saiten hat ein Kontrabaß oder eine Baßgitarre?
3. Welche musikalischen Aufgaben haben Kontrabaß und Baßgitarre?

8.4 Die Trompete

Die Trompete gehört zur Gruppe der Blechblasinstrumente!

Welche Blechblasinstrumente kennt Ihr?

Neben den Blechblasinstrumenten gibt es auch die Gruppe der Holzblasinstrumente!

Welche Holzblasinstrumente kennt Ihr? A 30

Die Trompete wird heute in fast allen Musikarten eingesetzt, sowohl als Soloinstrument als auch zur harmonischen und rhythmischen Begleitung.

Hört die beiden Tonbeispiele an und vergleicht den Ton der Trompete! H 46/H 47

Der Ton der Trompete wird dadurch erzeugt, daß der Trompeter Luft in das Mundstück preßt. Dabei vibrieren seine Lippen

a) Mundstück; b) Ventilkappen; c) Schallstück;
d) Ventile

Der Trompeter Louis Armstrong

Das Cembalo

Blick in das Innere eines Klaviers

und die Luft im Trompetenrohr wird in Schwingungen versetzt. Die Ventile dienen der Veränderung der Tonhöhe. Durch Öffnen der Ventile wird die Luft durch zusätzliche Rohre geleitet, der Luftstrom muß dann einen längeren Weg vom Mundstück zum trichterförmigen Ausgang, der Stürze, zurücklegen. Je länger die schwingende Luftsäule ist, desto tiefer wird der Ton. Mit Hilfe der Ventile lassen sich auf der Trompete etwa 36 verschiedene Töne erzeugen. Auch ohne Betätigen der Ventile kann die Tonhöhe bei der Trompete verändert werden und zwar durch schnellere Vibration der Lippen beim Blasen. Bis ins 19. Jahrhundert hinein wurde die Trompete noch ohne Ventile geblasen; man nennt diese Trompete Naturtrompete.

1. Welche Aufgaben können in der Musik von Trompeten übernommen werden?
2. Welche Aufgabe haben die Ventile bei der Trompete?
3. Was ist eine Naturtrompete?
4. Welche zwei Gruppen von Blasinstrumenten kennt Ihr?

8.5 Das Klavier

Das Klavier ist ein noch sehr junges Instrument. Erst etwa zu Anfang des 19. Jahrhunderts wurde das Hammerklavier in seiner heutigen Form entwickelt. **A 31**
Vorläufer des Klaviers waren die Instrumente Spinett und Cembalo. Bei beiden wurde nicht wie beim Klavier die Saite angeschlagen, sondern sie wurde angezupft. Dadurch konnte man bei diesen Instrumenten nur in gleichbleibender Lautstärke spielen und sie hatten einen völlig anderen Klang.

Hört Euch den Klang eines Cembalos auf der Schallplatte an. **H 48**

Das Klavier zählt zu der Gruppe der Saiteninstrumente. Die Saiten werden in Schwingungen versetzt, indem ein Filzhammer gegen sie schlägt. Hinter diesem Vorgang steckt eine komplizierte Mechanik, durch die der Tastendruck auf den Filzhammer übertragen wird und dieser gegen die Saiten schlägt.
Durch die Stärke des Anschlages auf die Tasten kann der Pianist – so nennt man einen Klavierspieler – die Lautstärke des Instrumentes beeinflussen. Je stärker er anschlägt, desto fester schlägt der Hammer gegen die Saiten und desto lauter klingt das Klavier.
Auch die Klangdauer läßt sich beim Klavier vom Musiker bestimmen. So lange die Taste niedergedrückt bleibt, kann der Ton nachklingen, bis er schließlich ausklingt.

Untersucht mit der Uhr, wie lange verschiedene Töne beim Klavier nachklingen!
Stellt fest, ob hohe oder tiefe Töne länger klingen.

Daß die Saiten bei niedergedrückten Tasten weiterklingen, liegt daran, daß der Filzhammer nach dem Anschlag sofort in seine Ausgangslage zurückspringt und die Saite also frei schwingen kann. Erst wenn die Taste losgelassen wird, legt sich eine Filzdämpfung auf die Saite, und sie kann nicht mehr schwingen.
Wenn man die vordere Holzverkleidung

Der Pianist Maurizio Pollini am Flügel

eines Klaviers abnimmt, so kann man diese Vorgänge genau betrachten.

Eine besondere Art des Klavieres ist der Flügel, den man wegen seines Aussehens so genannt hat. Bei ihm sind die Saiten waagerecht gespannt und nicht wie beim Klavier senkrecht. Die Filzhämmer schlagen auch nicht von vorne gegen die Saiten, sondern von unten.

Der Klang eines Klavieres hängt weitgehend von der Qualität des Resonanzbodens ab, über den die Saiten gespannt sind. Je nachdem, aus welcher Art von Holz dieser Resonanzboden ist, klingt ein Klavier hell oder dunkel, weich oder hart. Gute Pianisten können aber durch die Anschlagtechnik diese Klangfarben auf fast jedem Instrument hervorbringen.

Auf Grund eines großen Tonumfanges – ein Klavier hat normalerweise 88 Tasten – eignet sich das Klavier hervorragend als Soloinstrument. Die meisten bekannten Komponisten haben Stücke für Klaviersolo geschrieben. Der polnische Komponist Frédéric Chopin (1810–1849) hat fast ausschließlich für das Klavier komponiert.
Auch im Jazz und in der Popmusik spielt das Klavier eine große Rolle.

Welche Euch bekannten Popgruppen setzen das Klavier als Instrument ein?

1. Wie heißen zwei Vorläufer des Klaviers?
2. Wodurch werden die Saiten beim Klavier in Schwingungen versetzt?
3. Wie heißt das Fremdwort für Klavierspieler?
4. In welchen Musikarten wird das Klavier eingesetzt?
5. Welcher Unterschied besteht zwischen Klavier und Flügel?

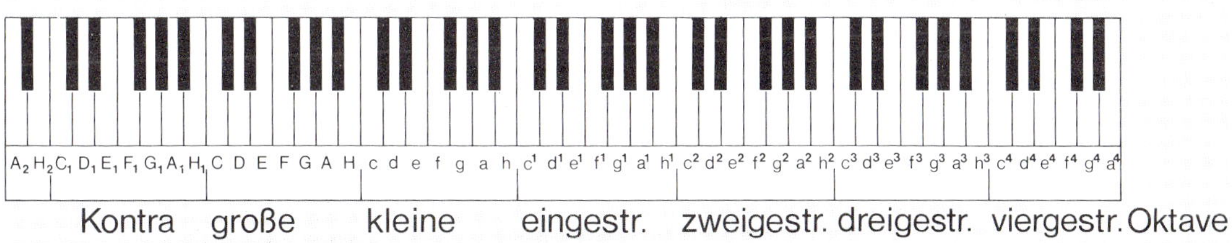

Tastenbild des Klaviers

8.6 Die Gitarre

Von Peter Coura und Volker Kriegel

Die Gitarre ist zweifellos eines der vielseitigsten Musikinstrumente. Abgesehen von elektronischer Musik oder Blasmusik gibt es kaum einen Musizierstil, in dem die Gitarre nicht verwendet wird.
Ob ich nun klassische Musik spiele oder Rock, ob ich Volkslieder begleiten will oder Schlager, ob ich Bossa Nova spiele oder Blues, ob ich Tanzmusik mache oder Jazz, in all diesen verschiedenen Musikarten wird Gitarre gespielt. In der Rockmusik oder der amerikanischen Folklore ist sie das wichtigste Instrument überhaupt. Kein Wunder also, daß von allen gebräuchlichen Musikinstrumenten die Gitarre heutzutage am meisten verbreitet ist.
Auf der Gitarre kann man einzelne Melodie-Linien spielen (wie etwa auf einem Blasinstrument), man kann Akkorde auf ihr spielen (wie auf dem Klavier), und außerdem kann man sie als Rhythmusinstrument benutzen. Deshalb vielleicht hat man die Gitarre auch einmal »Miniaturorchester« genannt. Nicht zuletzt hat sie einen weiteren Vorteil: Sie ist leicht zu transportieren, man kann sie überallhin mitnehmen, und beim Üben fallen nicht gleich die Nachbarn aus dem Bett. (Dies gilt natürlich nur für akustische Gitarren, nicht für Elektrogitarren mit Verstärkern).

8.6.1 Die verschiedenen Arten von Gitarren H 49

Wie schon gesagt, Gitarren werden in allen möglichen Musikarten verwendet. Dementsprechend gibt es auch verschiedene Arten

Die Konzertgitarre

Die Westerngitarre

Die zwölfsaitige Westerngitarre

von Gitarren, verschiedene Typen. Ganz grob unterscheiden wir zwischen *akustischen Gitarren* (auch Naturgitarren genannt) und *elektrischen Gitarren.* A 32

Akustische Gitarren
Bei den akustischen Gitarren wird der Ton der schwingenden Saiten durch einen hohlen Resonanzkörper aus Holz verstärkt.
Unter den verschiedenen Arten von akustischen Gitarren sind heute die klassische Gitarre und die Westerngitarre am weitesten verbreitet.

Die klassische Gitarre – auch *Konzertgitarre* genannt
Sie hat die sogenannte klassische Form, die Decke und das Griffbrett sind flach. Solche Gitarren werden heute mit Nylonsaiten bespannt (früher benutzte man Darmsaiten). Bei der klassischen Gitarre werden die Saiten mit den Fingern der rechten Hand gezupft, und zwar mit den Fingernägeln oder den Fingerkuppen. Diese Gitarren werden nicht nur in der klassischen Musik benutzt, sondern z.B. auch in der Bossa-Nova-Musik oder zur Liedbegleitung.

Die Westerngitarre
Sie hat einen größeren Korpus als die Konzertgitarre, meistens auch eine etwas andere Form. Das Griffbrett ist in der Regel leicht gewölbt. Der wichtigste Unterschied zur Konzertgitarre aber besteht darin, daß Westerngitarren mit Stahlsaiten bespannt sind. Das ergibt einen lauteren und härteren Ton. Die Saiten werden nicht nur mit den Fingern angeschlagen, sondern auch oft mit einem Spielplättchen aus Plastik (»Plektrum« oder »pick« genannt). Die Westerngitarre findet man meistens in der amerikanischen Folklore und in der Schlagermusik. Übrigens hat sie noch eine Schwester, die *12saitige Westerngitarre*. Bei ihr sind die 12 Saiten paarweise aufgezogen; die zwei hohen Saitenpaare (e und h) sind gleich gestimmt, die restlichen Saitenpaare sind in Oktaven gestimmt.

Elektrische Gitarren (E-Gitarren)
Wenn man sich erst eine klassische Platte anhört, beispielsweise von Andres Segovia, und anschließend eine Rock-Platte, sagen wir von Jimi Hendrix, dann ist es kaum zu glauben, daß auf beiden Platten grundsätzlich das gleiche Instrument gespielt wird.
Klassische Gitarren und E-Gitarren haben im wesentlichen nur 6 Saiten und das Griffbrett mit den Bünden im Halbtonabstand gemeinsam. Während bei akustischen Gitarren der Ton der schwingenden Saiten durch einen Resonanzkörper aus Holz verstärkt wird, geschieht das bei den Elektro-Gitarren durch Tonabnehmer (pickup) und Verstärker.
Der Tonabnehmer verwandelt den Ton der

Die Jazz-Gitarre

Die Halbresonanzgitarre

Die Brettgitarre

Saite (= die Saitenschwingung) in ein elektrisches Signal, genauer gesagt, in eine schwache elektrische Spannung. Diese Spannung wird durch ein Kabel zum Verstärker geleitet und dort verstärkt. Die starke Spannung aus dem Verstärker wird nun zum Lautsprecher geleitet, der sie wieder in Schallwellen verwandelt. Das alles geschieht natürlich so schnell, daß man in demselben Moment den Ton aus dem Lautsprecher hört, in dem die E-Gitarre angespielt wird. Auf dem Weg vom Tonabnehmer bis zum Lautsprecher kann das elektrische Signal heutzutage so sehr verändert werden, daß der Ton der E-Gitarre mit dem einer akustischen Gitarre nicht mehr vergleichbar ist. Die Möglichkeiten zur Tonveränderung sind in den letzten Jahren gewaltig gestiegen, nicht nur durch die Verstärkertechnik, sondern auch durch Zusatzgeräte wie Wah-Wah-Pedal, Verzerrer, Hallgeräte usw. Die meisten Gitarristen wollen heute auf der E-Gitarre einen völlig anderen Klang erzeugen als auf der akustischen Gitarre.

Das war nicht immer so. Als etwa 1935 die ersten E-Gitarren auf den Markt kamen, wollte man eigentlich nur den natürlichen Klang der Gitarren verstärken, weil die Gitarre in den Tanz- und Jazzorchestern sonst einfach zu leise war. Wenn ein Gitarrist in einem großen Orchester nicht nur Rhythmus, sondern auch Melodien spielen wollte, dann mußte er einfach zur elektrisch verstärkten Gitarre greifen.

Die ersten E-Gitarren waren Schlaggitarren, auf die man einen Tonabnehmer montiert hatte. Schlaggitarren sind eine Abart der Westerngitarre; anstatt des Schalloches haben sie zwei F-Löcher in der Decke.

Solche Gitarren gibt es auch heute noch. Man nennt sie *Elektro-Resonanz-Gitarre*, auch oft *Jazz-Gitarre*, weil sie heute fast nur noch von Jazz-Gitarristen gespielt wird. Ein Problem bei den Elektro-Resonanz-Gitarren ist das sogenannte feedback, zu deutsch: Rückkopplung. Sobald die Musik eine gewisse Lautstärke überschreitet, wie z. B. in der Rockmusik, fängt der Resonanzkörper einer solchen Gitarre an zu schwingen, und es entsteht ein ungewollter, unkontrollierbarer Heulton.

Deshalb ist man dazu übergegangen, für lautere Musik Gitarren zu bauen, deren Resonanzkörper nur halb so dick ist wie bei Resonanz-Gitarren. Man nennt diese deswegen *Elektro-Halbresonanz-Gitarren.*

In der Rockmusik findet man heute am häufigsten die *Solid-body-Gitarre*. Im Deutschen haben wir dafür gar keine »richtige« Bezeichnung, meistens spricht man von der *Brettgitarre*. Diese Gitarren haben keinen hohlen Resonanzkörper, sondern ihr Korpus besteht aus einem massiven Holzblock. Bei solchen Gitarren gibt es keine Rückkopplungsprobleme mehr.

8.6.2 Zehn Einkaufstips

(für akustische Gitarren, weil die erste Gitarre fast immer eine akustische ist).

1. Kauft eine Gitarre in einem Fachgeschäft, das auch in der Lage ist, Reparaturen durchführen zu lassen.
2. Überlegt Euch, welche Gitarre sich am besten eignet für die Musik, die Ihr spielen wollt (klassische Gitarre, Westerngitarre oder E-Gitarre).
3. Wenn Ihr die erste Gitarre kauft, solltet Ihr unbedingt jemanden mitnehmen, der Durchblick hat.
4. Euer Berater sollte folgendes unbedingt prüfen (oder Ihr selbst?!):

   a) Bundreinheit: Der Test geht folgendermaßen: Man legt einen Finger der linken Hand ganz locker über eine Saite genau über dem 12. Bund. Wenn man jetzt die Saite anschlägt und gleichzeitig die linke Hand wegnimmt, klingt ein sogenannter Flageoletton. Dieser Ton muß genau übereinstimmen mit dem normal gegriffenen Ton im 12. Bund.

   b) Gerader Hals: Der einfachste Test ist, am Hals der Gitarre entlang zu sehen. Ein weiterer Test: Man drückt die G-Saite aufs letzte Bundstäbchen (am Schallloch). Die Saite sollte möglichst auf allen Bünden gleichmäßig aufliegen. Letzter Test: Greift eine Saite in jedem Bund und hört, ob bei normalem Anschlag die Saite irgendwo rasselt. Wenn sie rasselt, ist das Griffbrett nicht in Ordnung.
5. Prüft, ob der Steg überall fest auf die Decke geleimt ist.

a) Wirbel; b) Griffbrett; c) Bundstäbchen; d) Korpus; e) Schalloch; f) Saiten

6. Wenn Ihr mehrere gleich gute Gitarren zur Auswahl habt, nehmt die mit der niedrigsten Saitenlage (natürlich ohne Rasseln).
7. Die Mechaniken sollten gleichmäßig und ohne Kraftaufwand zu drehen sein.
8. Die Breite und Form des Halses sollten für Eure Hand passend sein.
9. Durch vorsichtiges Drücken und leichtes Klopfen auf Boden und Decke kann man lose Balken (Verstrebungen) aufspüren.
10. Zum Schluß ein persönlicher Rat: Wer sich fürs Gitarrenspielen entschieden hat, der sollte sich möglichst ein Instrument leisten, an dem er sich einige Jahre freuen kann. Aus Ärger über ein unbrauchbares Instrument hat schon mancher aufgegeben. Wir würden als Erfahrungswert jetzt (1976) etwa folgende Richtpreise für gute Anfängerinstrumente angeben: Klassische Gitarre ca. DM 180,– bis DM 300,–; Westerngitarre ca. DM 280,– bis DM 400,–.

8.6.3 Die Spielhaltung

Es gibt nicht nur eine einzig-richtige Art, die Gitarre zu halten; unterschiedliche Spielweisen erfordern auch unterschiedliche Haltungen. Auf zwei Dinge solltet Ihr auf jeden Fall achten:

a) Die Gitarre soll nicht mit der linken Hand gestützt werden, sondern sicher zwischen einem Oberschenkel und dem rechten Arm liegen.

b) Haltet Eure Gitarre so, daß die Decke senkrecht steht. Viele Anfänger neigen dazu, die Gitarre möglichst flach auf die Knie zu legen, damit sie das Griffbrett besser sehen können; das hat den schlimmen Nachteil, daß sich die linke Hand beim

Greifen verkrampft. Wenn Ihr die Gitarre aber richtig haltet, also zwischen Oberschenkel und rechtem Arm und mit der Decke senkrecht zum Fußboden, könnt Ihr leichter und sauberer greifen. Außerdem hängt auch die rechte Hand ungefähr da, wo Ihr sie braucht, nämlich zwischen Schallloch und Steg, ein paar Zentimeter von den Saiten entfernt.

8.6.4 Das Stimmen

Bevor Ihr jetzt mit den ersten Griffen und der ersten Liedbegleitung anfangt, müßt Ihr die Gitarre stimmen.
Erste Möglichkeit: Auf der Schallplatte hört Ihr ganz zu Anfang die einzelnen Saiten nacheinander, und zwar in der Reihenfolge: 6. Saite (E), 5. Saite (A), 4. Saite (D), 3. Saite (G), 2. Saite (H), 1. Saite (E). (H 50) Versucht Eure Saiten danach zu stimmen. Sucht Euch, wenn möglich, jemanden, der Euch hilft, und verliert nicht die Geduld; Stimmen und Hören kann man trainieren.
Zweite Möglichkeit: Nicht immer sind Schallplatten und Plattenspieler zur Hand. Kauft Euch eine Stimmgabel. Wenn Ihr sie anschlagt, erklingt der Ton A. Auf diesen Ton stimmt Ihr die 5. Saite. Jetzt greift Ihr die 5. Saite im 5. Bund und schlagt die an; der Ton D erklingt. Auf diesen Ton müßt Ihr nun die 4. Saite stimmen.
Danach greift Ihr die 4. Saite im 5. Bund und schlagt sie an; auf den Ton, der jetzt erklingt, stimmt Ihr die 3. Saite.
Die 3. Saite greift Ihr dann im 4. (!) Bund und stimmt die 2. Saite auf diesen Ton.
Jetzt greift die 2. Saite im 5. Bund und stimmt die 1. Saite auf diesen Ton.
Zum Schluß müßt Ihr jetzt noch die 6. Saite stimmen. Ihr greift sie im 5. Bund und schlagt hintereinander die leere (d.h. nicht gegriffene) 5. Saite und die gegriffene 6. Saite an; während die 6. Saite noch klingt, stimmt Ihr sie mit der rechten Hand, bis der gegriffene Ton so hoch klingt wie die leere 5. Saite.
Ein Tip: Merkt Euch, daß die Saiten der Gitarre bis auf eine Ausnahme im gleichen Abstand zueinander gestimmt sind (diesen Tonabstand nennt man eine Quart). Auf zwei benachbarten Saiten könnt Ihr z.B. das Signal eines Martinshorns spielen (»Tatü-Tata«). Wichtig: Das geht nicht mit der 3. und 2. Saite, weil diese Saiten in einem kleineren Abstand zueinander gestimmt sind. Deshalb haben wir beim Stimmen auch die 3. Saite im 4. Bund gegriffen.

8.6.5 Liedbegleitungen

Zwei Griffe reichen aus, um das erste Lied zu begleiten: d-Moll (d) und C-Dur (C). Ihr seht: Kleine Buchstaben bezeichnen Moll-Griffe, große Buchstaben Dur-Griffe. Ihr findet diese Griffe auf der Grifftabelle auf S.74.
Greift zuerst d. Wichtig:
a) Die Fingerkuppen sollen immer ganz nah hinter den Bundstäbchen aufgesetzt werden, wie auf der Tabelle eingezeichnet. Probiert einmal aus, was passiert, wenn Ihr weiter weg von den Bundstäbchen greift.
b) Die Finger der linken Hand sollen möglichst senkrecht auf das Griffbrett aufgesetzt werden (das geht nur mit kurzen Fingernägeln). Bei diesem d z.B. würde der Ringfinger die erste Saite dämpfen, wenn er nicht senkrecht aufgesetzt würde. Der linke Daumen sollte möglichst in der Mitte des Halsprofils liegen, also an der dicksten

d-Moll-Griff

Haltung des Daumens der linken Hand

C-Dur-Griff

Stelle, auf keinen Fall aber über den Hals nach oben hinausragen.
Die linke Hand greift also den Griff d. Der rechte Daumen streicht von der 4. Saite nach unten. Alle vier angeschlagenen Saiten müssen klingen! Die linke Hand greift C.
(Achtet auf senkrechte Fingerstellung, sonst klingen die 3. und 1. Saite nicht).
Der rechte Daumen streicht von der 5. Saite nach unten; natürlich sollen dieses Mal alle fünf angeschlagenen Saiten klingen. Jetzt müssen wir noch das Wechseln von d auf C und zurück üben. Ein paar Tips: Übt erst einmal stumm, d.h. Ihr setzt die Finger für den Griff d nur ganz leicht auf die Saiten und dann alle Finger möglichst gleichzeitig auf C (wenn das zu schwer ist, fangt mit dem 3. Finger an, dann den zweiten Finger und dann erst den 1. Finger, nicht umgekehrt!).
Jetzt schlagt Ihr jeden Griff viermal an. Achtet aber darauf, daß der Abstand zwischen den Schlägen auch beim Wechseln gleichbleibt.

Endlich könnt Ihr Euch an das *erste Lied* wagen: **H 51**

d
What shall we do with a drunken sailor
C
What shall we do with a drunken sailor
d
What shall we do with a drunken sailor
C   d
early in the morning.

Jeder Griff wird hier also nur einmal angeschlagen. Die Strophe und der Refrain (»Hoo-ray«) haben genau die gleiche Begleitung. Um etwas Abwechslung in das Lied zu bringen, spielt beim Refrain in jedem Takt Schläge wie in der 2. Strophe auf der Platte.

Eine andere Art zu begleiten hört Ihr in der 3. Strophe. **H 52**
Jetzt schlägt der Daumen nur eine Baßsaite und dann der Zeigefinger die hohen Saiten. Bei d schlägt der Daumen die 4. Saite als Baß, bei C die 5. Saite.

Für das *zweite Lied* braucht Ihr ein paar Griffe mehr. C kennt Ihr schon, F und G7 findet Ihr wieder in der Grifftabelle. Bei F muß der Zeigefinger zwei Saiten gleichzeitig greifen; das erfordert etwas Übung. Kontrolliert Eure Hand- und Fingerstellung, denn Kraft allein hilft Euch nicht weiter. **H 53**

Oh Susanna
(Jeder Buchstabe steht für einen Schlag)
/CC/CC/CC/G7 G7 /
/CC/CC/CG7/CC/
/FF/FF/CC/G7G7/
/CC/CC/CG7/CC/

Doppelt so viele Schläge sind in der Begleitung der zweiten Strophe; durch Abdämpfen der Saiten kommt noch zusätzlicher Schwung hinein. **H 54**
Der erste Schlag schwingt normal lange nach, den zweiten dämpft man mit Ballen oder Handkante der rechten Hand.
Wenn Ihr dies alles flüssig spielen könnt, könnt Ihr Euch an die Begleitung wagen, die Ihr auf der Platte in der dritten Strophe hört. Dieses Mal benötigen wir einen anderen C-Dur und F-Dur-Griff, nämlich die Griffe mit Wechselbaß, die in der Grifftabelle angegeben sind. **H 55**

Ähnlich wie in der dritten Strophe des vorigen Liedes schlägt der Daumen eine Baßsaite an, und der Zeigefinger danach die hohen Saiten. Nur dieses Mal wechselt der Daumen jedesmal auf eine andere Baßsaite, und zwar:
Bei C 5.,6.,5.,6. Saite,
bei G7 6.,4.,6.,4. Saite,
bei F 4.,5.,4.,5. Saite.

Auf ähnliche Art könnt Ihr auch das *dritte Lied* begleiten (die Griffe findet Ihr wieder in der Tabelle). **H 56**

G   C   G   G
Zogen einst fünf wilde Schwäne,
C   C   D7   G
Schwäne leuchtend weiß und schön.
D7   D7   G   G
»Sing, sing, was geschah«?
D7   D7   G G
Keiner ward mehr gesehn.

Hier spielt der Daumen folgende Bässe:
Bei G 6. und 4. Saite,
bei C 5. und 4. Saite,
bei D7 nur die 4. Saite.

Beim *vierten Lied* solltet Ihr Euch vor allen Dingen um ein guten rhythmischen Schlag bemühen. Im Vers könnt Ihr, wie es auf der Platte demonstriert ist, **(H 57)** die Harmonien mit Daumen und drei Fingern zupfen oder auch mit dem Daumennagel durchstreichen. **H 58**

G   G   G7   C   C
Before I'd be a slave, I'd be buried in my
 G
grave
G   G   G   e   D7   C C G   G
And go home to my Lord and be saved.

Dur–Akkorde

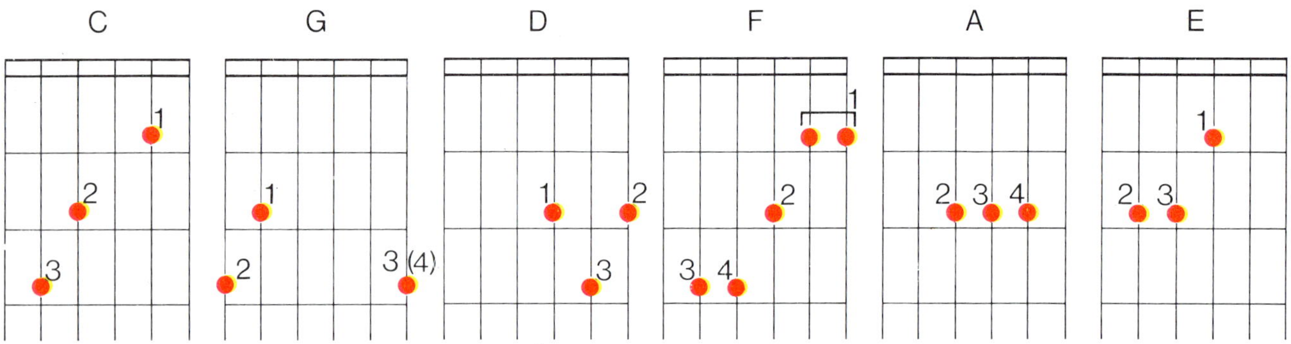

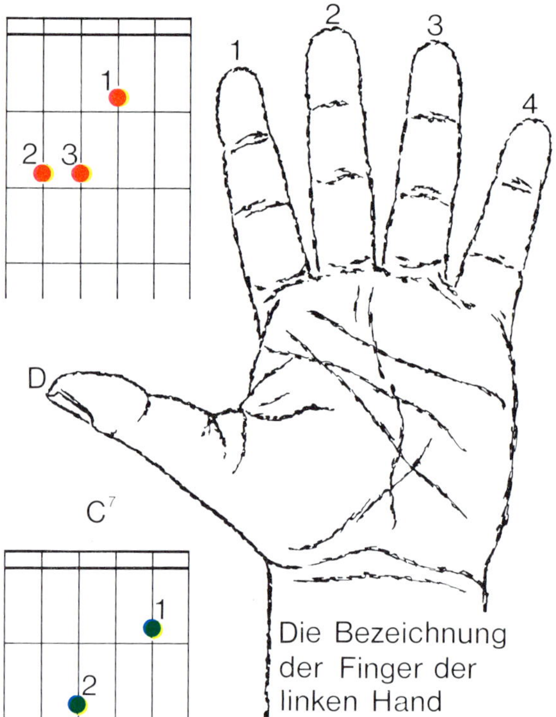

Die Bezeichnung der Finger der linken Hand

Moll–Akkorde

Septimakkorde

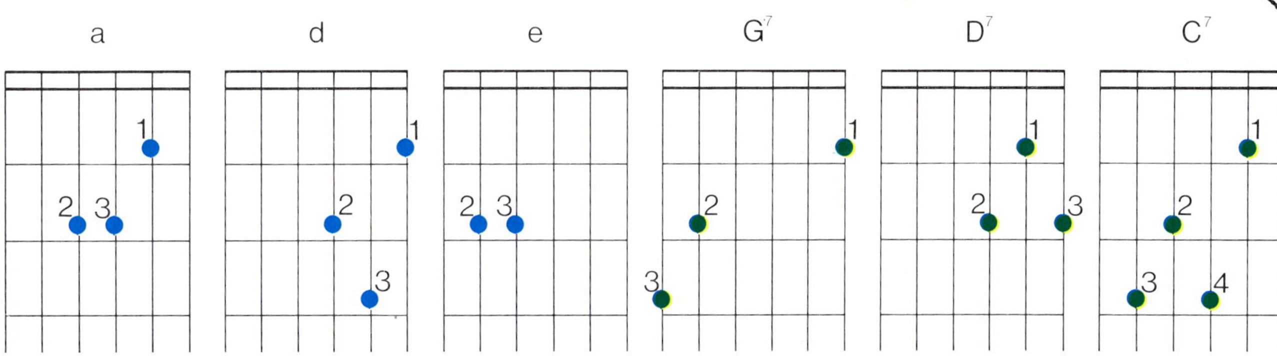

G D7 G
Oh, what mourning, oh, what mourning
e C a7 D7
Oh, what mourning over me (over me).

Zum Schluß, als *fünftes Lied* ein amerikanisches Küchenlied, eine schaurige Moritat. **(H 59)** Die Griffe sind Euch schon bekannt. Hört Euch die Begleitung auf der Platte an und versucht, in den Strophen den leichten Anschlag des Zeigefingers nachzuahmen. **H 60**

C G7
I asked my love to take a walk,
d G7 C
to take a walk just a little walk.
C(7) F
Down beside, where the waters flow
C G7 C
down by the banks of the Ohio.

Der Refrain wird mit denselben Griffen begleitet. **(H 61)** Auch hier könnt Ihr wieder etwas Abwechslung in das Lied bringen, indem Ihr den Refrain etwas anders begleitet, z. B. wie in der zweiten Strophe auf der Platte. **(H 62)** Der Daumen schlägt wie bei der vorigen Begleitart eine Baßsaite an, dann zupft der Zeigefinger die 3. Saite, dann der Mittelfinger die 2., und dann der Ringfinger die 1. Saite, und dies immer wieder von vorne.

Die Baßsaiten sind:
Bei C und C7 die 5. Saite,
bei G7 die 6. Saite,
bei d die 4. Saite,
bei F auch die 4. Saite.

9. Das Lied

Soweit wir die menschliche Geschichte auch zurückverfolgen, immer stellen wir fest, daß auf irgendeine Weise gesungen wurde. Die erste Form des Gesanges war dabei wahrscheinlich eine Art Sprechgesang, also eine Mischung von sprechen und singen.

Versucht, ein normales Gespräch zu »singen«; die Melodie muß Euch dabei selbst einfallen. Nehmt ein solches Gespräch auf Tonband auf und sprecht über die Art und Weise, wie eine solche Sprechmelodie meist aufgebaut ist. Berücksichtigt dabei den Silbenaufbau der Worte und Satzanfang, sowie Satzende.
Versucht ein paar der aufgenommenen Sätze graphisch darzustellen. Wenn sich die Stimme hebt, geht die Linie nach oben, wenn sie sich senkt, nach unten.

Die Kirche erlaubte lange Zeit nur eine bestimmte Art von Gesang. Diese Art wurde durch Papst Gregor I. festgelegt und heißt deshalb Gregorianischer Gesang.

Hört Euch auf der Schallplatte einen solchen Gesang an und vergleicht ihn mit Eurem Sprechgesang! **H 63**
Stellt auch dazu eine Grafik her!

Unsere Vorfahren scheinen für den Geschmack der Römer nicht sonderlich schön gesungen zu haben. Dies geht jedenfalls aus einem Buch des Diakon Johannes hervor, der etwa im 7. Jahrhundert lebte:

»Die Gallier und Alemannen sind unter allen Völkern am wenigsten in der Lage, den Gregorianischen Gesang zu fassen. Schuld daran sind ihr Leichtsinn und ihre Wildheit. Die rohen, wie Donner brüllenden Stimmen der Alpenmenschen sind zu keiner sanften Modulation fähig, weil die Wildheit ihrer immer durstigen Kehlen jene zarten Gesänge nur in einer Art wiedergibt, die dem Gepolter eines von der Höhe herabpolternden Lastwagens ähnlich ist, so daß sie das Gemüt des Hörers, welches der Gesang hätte erweichen sollen, nur mehr aufregten und durch ihr Getöse verwirrten«.

Durch die technischen Möglichkeiten der Musikwiedergabe wird heute zwar wesentlich weniger gesungen als noch vor hundert Jahren, doch daß auch heute noch gerne gesungen wird, kann man bei vielen Gelegenheiten feststellen.

Welche Gelegenheiten kennt Ihr, bei denen gesungen wird?

Gesungen wird übrigens in allen Musikarten, ob es sich um Popmusik oder klassische Musik, um Jazz oder Kirchenmusik, um Volksmusik oder Schlager handelt.
Entsprechend den verschiedenen Gelegenheiten, bei denen Lieder gesungen werden, hat man Lieder unter Begriffen zusammengefaßt: Abschiedslieder, Wanderlieder, Sauflieder, Protestlieder usw.
Eine andere Möglichkeit Lieder zu bezeichnen ist, sie nach ihrem Inhalt, also nach dem, von was sie handeln, zu benennen: Liebeslieder, Frühlingslieder, Scherzlieder usw.

Fallen Euch dazu noch andere Begriffe ein? **A 33**

Überlegt, welche Lieder Ihr kennt und bei welchen Gelegenheiten sie gesungen werden! Überlegt auch, wo Ihr diese Lieder kennengelernt habt! Versucht der Klasse die Melodien der Lieder vorzusingen oder zu pfeifen!

9.1 Die Stimme

Die menschliche Stimme ist wohl das älteste Musikinstrument. Der Laut, der von der Stimme hervorgebracht wird, ist eine gemeinsame Leistung von Gehirn, Kehlkopf und Mundraum. Vom Gehirn gehen dabei die Anweisungen aus, welche Laute in welcher Reihenfolge gesprochen oder gesungen werden sollen.

»Der Kehlkopf kann mit einem Blasinstrument verglichen werden. Die Stimmbänder werden durch den aus den Bronchien gepreßten Luftstrom in mehr oder weniger starke Schwingungen versetzt. Dadurch entsteht der Grundton der Stimme. Die einzelnen Vokale werden geformt, indem der Mundraum den Luftstrom einengt oder weitet«. *(Aus: D. Blume u.a., Der Mensch, Verlag Ernst Klett, Stuttgart 1971)*

Laßt Euren Nachbarn die Vokale in der Reihenfolge a, e, i, o, u sprechen und zeichnet die Mundstellung bei den einzelnen Vokalen!

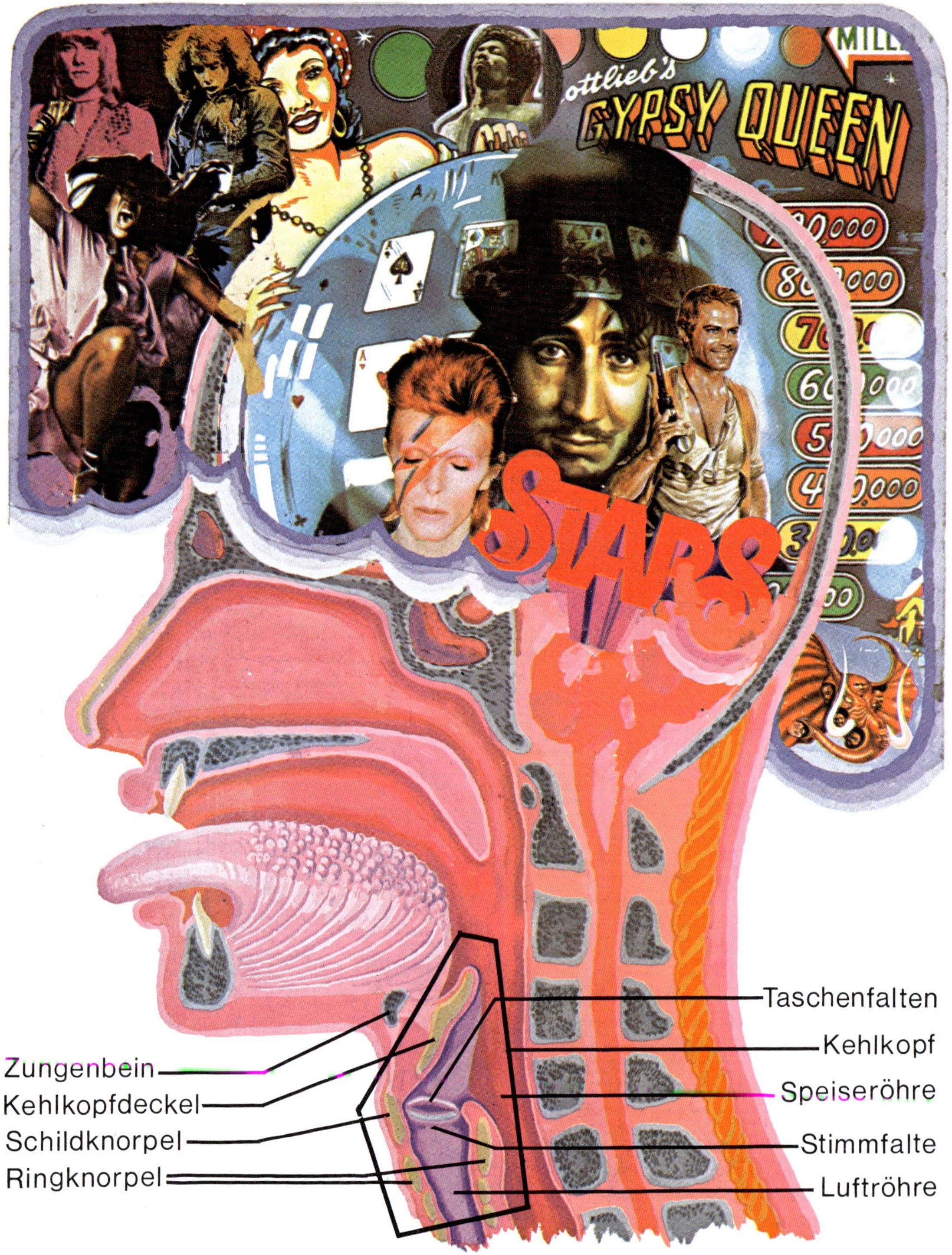

Was stellt Ihr beim Vergleich der Zeichnungen fest?

Versucht mit der Mundstellung a ein e zu sprechen. Was stellt Ihr fest?

Die Konsonanten werden von den Lippen, dem Rachen und der Zunge geformt.

Geht die Konsonanten nach dem Alphabet durch und stellt fest, wie sie geformt werden!

Bei all diesen Übungen ist festzustellen, daß die beste Aussprache nur dann zu erzielen ist, wenn die entsprechenden Bewegungen von Mund und Lippen richtig und vollständig ausgeführt werden. Auch die entsprechende Atmung spielt dabei eine große Rolle: es muß immer genügend Luft zum Ausatmen vorhanden sein.

Stoppt mit der Uhr, wie lange die Luft eines Schülers beim Singen eines Tones ausreicht.

Versucht während des Einatmens zu sprechen!

All dies muß berücksichtigt werden, wenn gut gesungen werden soll.
Man kann Menschen an der Stimme erkennen, denn fast jede Stimme hat einen unverwechselbaren Klang.

Stellt einen Schüler mit dem Rücken zur Klasse vor die Klasse und stellt fest, ob er verschiedene Schüler an ihrer Stimme erkennen kann!

Versucht dies auch, wenn Ihr die Stimme verstellt!

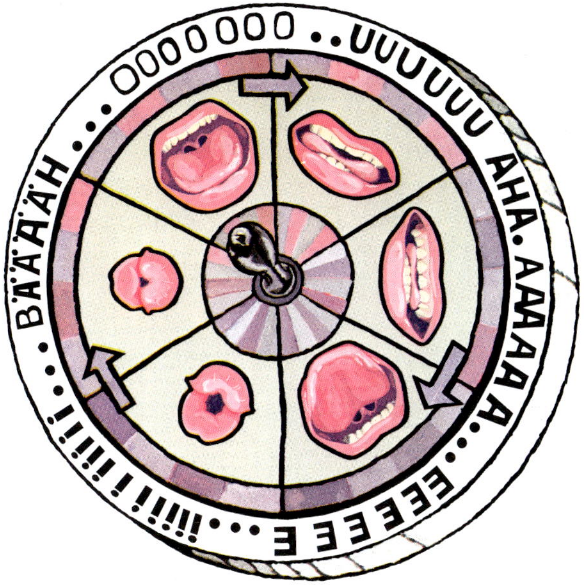

Hier stimmt was nicht!

Nicht nur im Klang unterscheiden sich die verschiedenen Stimmen, sondern auch in der Tonhöhe und im Tonumfang.

Stellt fest, wo der höchste und der tiefste Ton liegt, den Ihr singen könnt!

Entsprechend den verschiedenen Tonhöhen, die beim Singen erreicht werden können, hat man für verschiedene Stimmlagen Bezeichnungen gefunden. Weil Kinder und Frauen meist höher singen können als Männer, werden diese Stimmlagen im Chor meist so verteilt:

Kinder- und Frauenstimmen:
Sopran hoch
Alt tief

Männerstimmen:
Tenor hoch
Baß tief

Dazwischen gibt es noch Bezeichnungen für Stimmlagen, die zwischen Sopran und Alt, sowie zwischen Tenor und Baß liegen. Zwischen Sopran und Alt liegt der Mezzosopran.
Zwischen Tenor und Baß liegt der Bariton.

9.2 Das Sprachorchester

Man kann auch ohne Instrumente ein ganzes Orchester »spielen«! Dazu benötigt man nur die Stimme und etwas Phantasie.

Überlegt Euch vier verschieden lange Worte und bringt ihre Aussprache in einen bestimmten Rhythmus zu einem gleichmäßigen Grundschlag, der mit der Handtrommel geschlagen werden kann, z.B.:

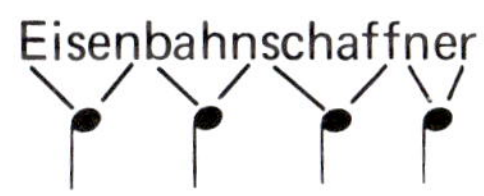

Nun laßt Ihr wieder vier Gruppen von Schülern die Worte in dem vereinbarten Rhythmus sprechen und das Orchester von einem Dirigenten leiten. Der Dirigent kann angeben, welche Gruppe laut oder leise spielen soll, wer anfangen oder wer aufhören soll. Dazu müssen natürlich Zeichen vereinbart werden.

Wenn das »Orchester« klappt, so kann es noch viel interessanter gestaltet werden. Es kann vereinbart werden, welche Gruppe hoch und welche Gruppe tief spricht. Auch innerhalb der Wörter kann noch ein Tonhöhenwechsel stattfinden.

Nach dem Beispiel auf dieser Seite können Gruppen von Schülern selbst Entwürfe anfertigen und aufführen. Dabei kommt es nur auf die Phantasie an.

Hört Euch auf der Schallplatte an, wie die Stimme in einem modernen Stück des Komponisten Dieter Schnebel eingesetzt wird!
H 64

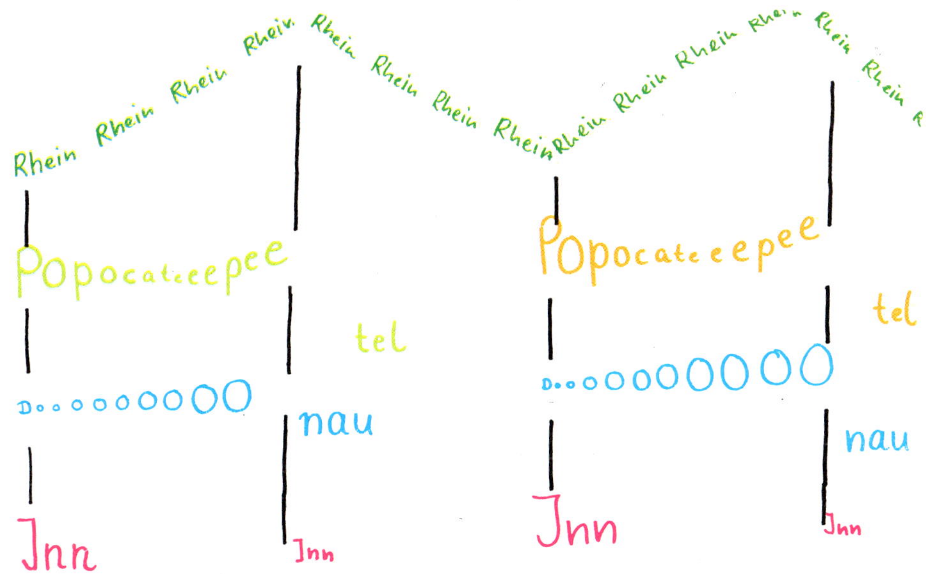

9.3 Troubadix und die Römer

Die Römer wollen die unbesiegbaren Gallier überlisten, indem sie ganz in die Nähe des Dorfes eine neue und komfortable Stadt bauen. Mit welcher Waffe die Römer schließlich vertrieben werden? Lest selbst!

Troubadix ist der Barde! Die Meinungen über sein Talent sind geteilt: er selbst findet sich *genial,* alle anderen finden ihn *unbeschreiblich.* Doch wenn er nichts sagt, ist er ein fröhlicher Geselle, der von allen geschätzt wird...

(© Dargaud Editeur, Paris – von Goscinny und Uderzo)

Der Gesang von Troubadix hat die Römer aus ihrer neuen Stadt vertrieben!

Wie stellt Ihr Euch den Gesang vor, der so etwas fertigbringt?

Versucht einmal, ein Lied, das Ihr kennt, so zu singen, wie Ihr Euch den Gesang von Troubadix vorstellt, und nehmt diesen Gesang auf Tonband auf.

Anschließend versucht Ihr das Gegenteil, nämlich das Lied so zu singen, wie Ihr es am schönsten findet.

Hört Euch beide Aufnahmen direkt hintereinander an!

9.4 Scherz- und Spottlieder

Lustige Lieder kennt man in allen Ländern. Oft haben diese Lieder einfach nur einen witzigen Text, so daß sie bei geselligen Zusammenkünften mit für die Stimmung sorgen. Manchmal drücken diese Lieder aber mehr aus: Sie machen sich über andere Menschen oder ganze Gruppen von Menschen lustig. Wieweit diese Lieder wirklich »lustig« sind, ist dabei die Frage, die diskutiert werden muß.

9.4.1. Ein Mann der sich Kolumbus nannte

Kolumbus war ein Seefahrer, der aus Versehen Amerika entdeckte, denn eigentlich wollte er nach Indien segeln. Man kann ganz sicher sein, daß sich die Entdeckung Amerikas nicht so abgespielt hat, wie sie in diesem Lied beschrieben wird.

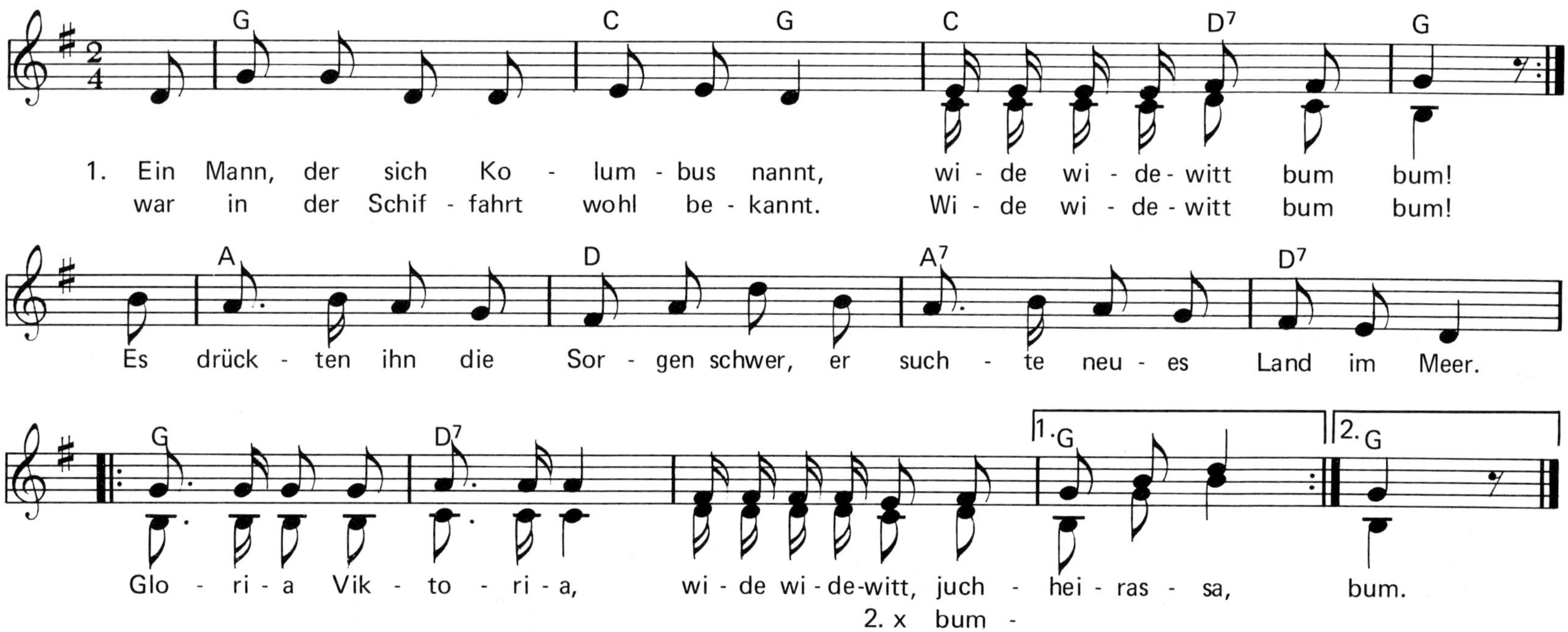

2. Als er den Morgenkaffee trank,
wide widewitt bum bum!
Da rief er fröhlich: »Gott sei Dank!«
Wide widewitt bum bum!
Denn schnell kam mit der ersten Tram
der spansche König bei ihm an.
Gloria ...

3. »Kolumbus«, sprach er, »lieber Mann,
wide widewitt bum bum!
Du hast schon manche Tat getan!
Wide widewitt bum bum!
Eins fehlt noch unsrer Gloria:
Entdecke mir Amerika!«
Gloria ...

4. Gesagt, getan, ein Mann, ein Wort,
wide widewitt bum bum!
Am selben Tag fuhr er noch fort.
Wide widewitt bum bum!
Und eines Morgens schrie er »Land!
Wie deucht mir alles so bekannt.«
Gloria ...

5. Das Volk am Land stand stumm und zag,
wide widewitt bum bum!
Da sagt Kolumbus: »Guten Tag!
Wide widewitt bum bum!
Ist hier vielleicht Amerika?«
Da schrien alle Wilden: »Ja!«
Gloria ...

6. Die Wilden waren sehr erschreckt,
wide widewitt bum bum!
Und schrien all: »Wir sind entdeckt!«
Wide widewitt bum bum!
Der Häuptling rief ihm: »Lieber Mann,
alsdann bist du Kolumbus dann!«
Gloria ...

9.4.2 Der Doktor Eisenbart

Doktor Eisenbart, von dem dieses Lied erzählt, hat wirklich gelebt. Er war ein sogenannter Wunderdoktor, der Anfang des 18. Jahrhunderts durch ganz Deutschland reiste und überall bekannt war. In diesem Volkslied machen sich die Leute über die Heilmethoden des Doktor Eisenbart lustig. Die Melodie ist dieselbe wie bei dem Lied »Ein Mann der sich Kolumbus nannt«.

1. Ich bin der Doktor Eisenbart,
wide widewitt bum bum!
Kurier' die Leut' nach meiner Art,
wide widewitt bum bum!
Kann machen, daß die Blinden geh'n
und daß die Lahmen wieder seh'n,
Gloria ...
2. Zu Ulm kuriert' ich einen Mann, ...
daß ihm das Blut vom Beine rann ...
Er wollte gern gekuhpockt sein,
ich impft's ihm mit dem Bratspieß ein ...
3. Es hatt' ein Mann in Langensalz', ...
ein' zentnerschweren Kropf am Hals ...
Den schnürt' ich mit dem Hemmseil zu,
probatum est, er hat die Ruh' ...

4. Zu Wien kuriert' ich einen Mann, ...
der hatte einen hohlen Zahn ...
Ich schoß ihn 'raus mit der Pistol.
Ach Gott, wie ist dem Mann so wohl ...
5. Ein alter Bauer mich zu sich rief, ...
der seit zwölf Jahren nicht mehr schlief ...
Ich hab ihn gleich zur Ruh' gebracht,
er ist bis heute nicht erwacht ...

6. Das ist die Art, wie ich kurier', ...
sie ist probat, ich bürg dafür ...
Daß jedes Mittel Wirkung tut,
schwör' ich bei meinem Doktorhut ...

9.4.3 Zu Regensburg auf der Kirchturmspitz **H 65**

Dieses Lied von den Schneidern läßt einige Rückschlüsse auf die Situation dieses Berufsstandes zu der Zeit zu, als das Lied entstand. Aus dieser Zeit gibt es übrigens auch noch andere Spottlieder über die Schneider.

2. Und als die Schneider Jahrestag hatten,
da waren sie alle froh.
Da aßen ihrer neunzig,
ja neunmal neunundneunzig
an einem gebratenen Floh.
3. Und als sie nun gegessen hatten,
da waren sie voller Mut.
Da tranken ihrer neunzig,
ja neunmal neunundneunzig
aus einem Fingerhut.
4. Und als sie nun getrunken hatten,
da kamen sie in die Hitz.
Da tanzten ihrer neunzig,
ja neunmal neunundneunzig
auf einer Nadelspitz.
5. Und als sie nun getanzet hatten,
da sah man sie nicht mehr.
Da krochen ihrer neunzig,
ja neunmal neunundneunzig
in eine Lichtputzscher.
6. Und als sie nun im Schlafen waren,
da knispelt eine Maus.
Da schlüpften ihrer neunzig,
ja neunmal neunundneunzig
zum Schlüsselloch hinaus.
7. Und was ein rechter Schneider ist,
der wieget sieben Pfund.
Und wenn er das nicht wiegen tut,
ja wia-wia-wiegen tut,
dann ist er nicht gesund.

(Aus: Der Zupfgeigenhansl, Verlag Friedrich Hofmeister, Hofheim/Ts.)

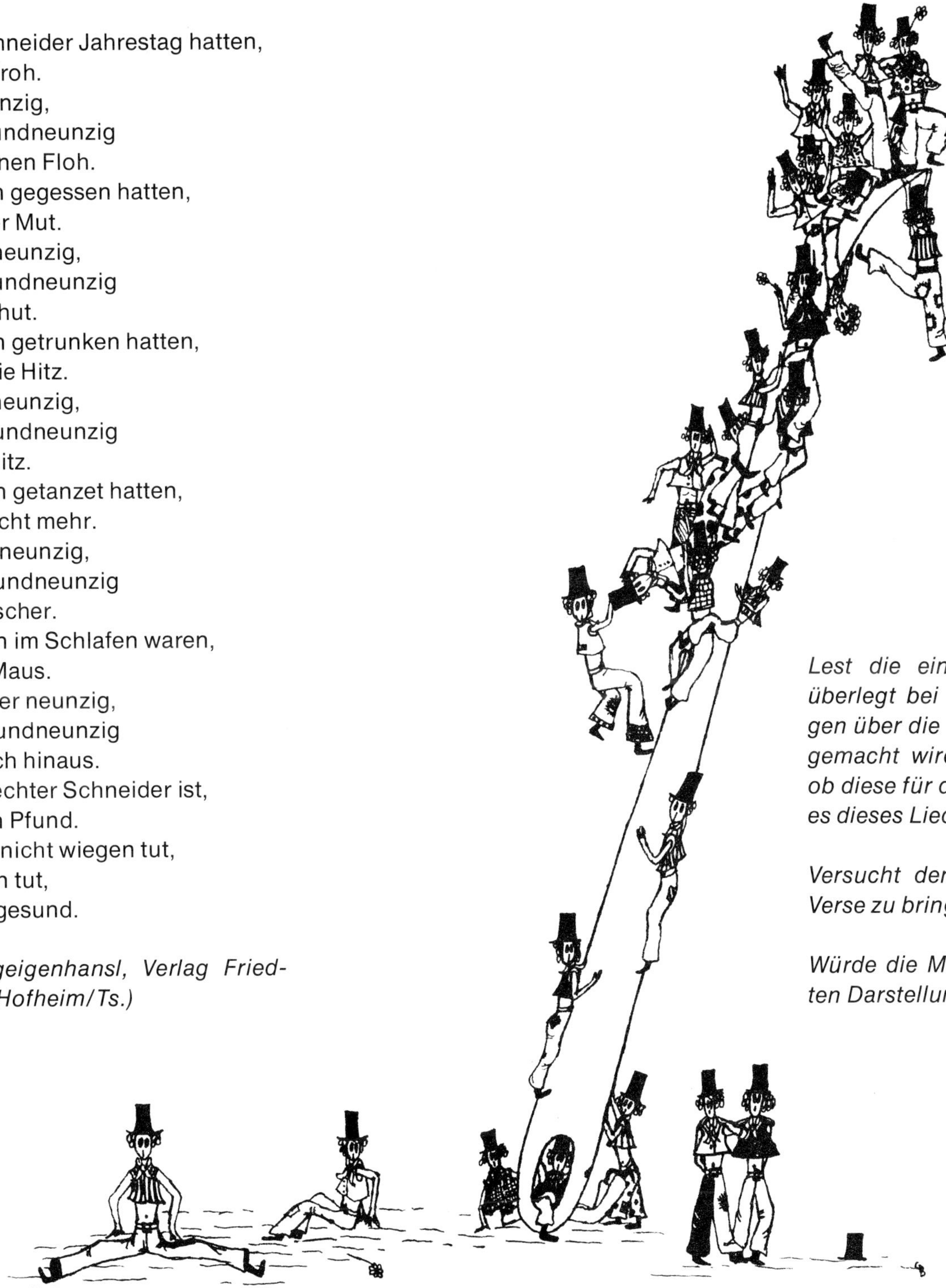

Lest die einzelnen Strophen durch und überlegt bei jeder Strophe, welche Aussagen über die Lebenssituation der Schneider gemacht wird. Denkt dabei darüber nach, ob diese für die Schneider so lustig war, wie es dieses Lied ausdrückt.

Versucht den Inhalt des Textes in ernste Verse zu bringen.

Würde die Melodie auch zu einer ernsthaften Darstellung passen?

9.4.4 Oh, Susanna H 53

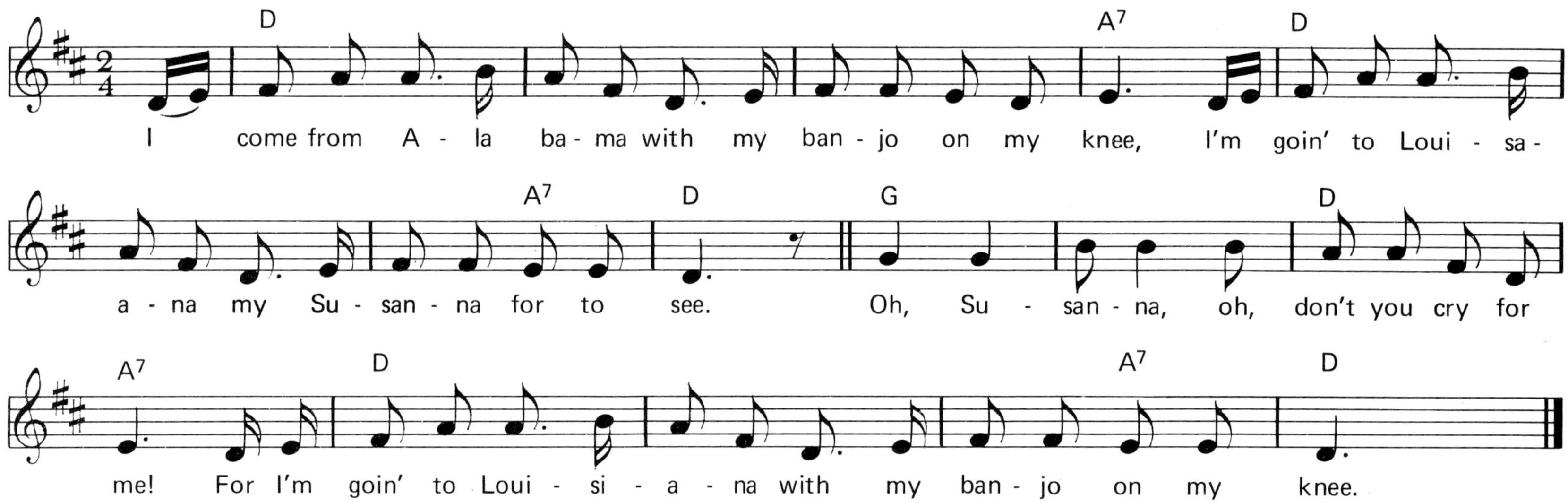

2. It rained all night, the day I left,
the weather it was dry,
the sun so hot I froze to death,
Susanna, don't you cry!

3. I had a dream the other night,
when ev'rything was still,
I thought I saw Susanna dear
a-coming down the hill.

4. The buckwheat cake was in her mouth,
the tear was in her eye,
I said I'm coming from the south,
Susanna, don't you cry!

5. I soon will be in New Orleans,
and then I'll look around,
and when I find Susanna,
I'll fall upon the ground.

6. But if I do not find her then
I'm surely bound to die,
and when I'm dead and buried,
oh, Susanna, don't you cry!

(Stephen Forster. Aus: Folk Sing. Essex Musikvertrieb GmbH, Köln)

»Oh Susanna« ist eines der bekanntesten amerikanischen Volkslieder. Typisch ist hier wieder der Aufbau in Verse und Refrain. Dadurch eignet sich das Lied gut für den Vortrag bei geselligen Zusammenkünften. Der Sänger trägt den Vers vor, beim Refrain singen alle mit. Bei allen Liedern, die so aufgebaut sind, gibt es unzählige Strophen, die einfach von Sängern dazu gedichtet wurden. Anlaß zu den neuen Strophen waren und sind meist aktuelle Geschehnisse, Anspielungen auf Personen, die sich im Raum befinden und dergleichen.
In manchen Gegenden Deutschlands existiert diese Form des Scherz- und Spottliedes noch heute. In Bayern ist sie als »Schnaderhüpfel« bekannt.

9.4.5 Der Cowboy Jim aus Texas H 66

Der »Cowboy Jim aus Texas« ist ein neues lustiges Lied über einen Cowboy und seinen Floh.

Der Floh tat Jim begleiten.
Er hatte Spaß am Reiten
und ging der Jim aufs Klo,
dann tat das auch sein Floh.
Refrain

Oft macht das Reiten Mühe.
Jim hütet hundert Kühe.
Da kommt er oft in Schweiß
und ruft: Ach, was'n Scheiß!
Refrain

Am Tschikitschobasee
ruft Jim sein Jippijeh,
doch einst am Lagerfeuer
da wars da nicht geheuer.
Refrain

Im ersten Morgengrauen,
da wollt man Jim verhauen,
man schlich zu Jimmy fix,
der schlief und merkte nix.
Refrain

Der Floh, der hört es trappeln,
tat sich auch gleich berappeln
und stach als echter Floh
den Cowboy in den Po.
Refrain

Der Jim sprang auf und fluchte
als er das Weite suchte.
So wars nix mit Verhauen
im ersten Morgengrauen.
Refrain

Der Cowboy Jim aus Texas
sitzt oft bei seiner Oma
und beide schaun sich dann
im Fernsehn Cowboyfilme an.
Refrain

(Aus: Knauf/Vahle, Die Rübe. Weltkreis Verlag, Dortmund)

Überlegt, welchen Sinn die letzte Strophe haben könnte!

9.5 Lieder über die Liebe

All das, was sich an Glück oder Unglück, an Freude oder Enttäuschung ereignen kann, wenn zwei Menschen sich lieben, wird in Tausenden von Liedern überall auf der Erde besungen.
Seit uns Lieder erhalten sind, kennen wir auch Lieder über die Liebe. Manche dieser Lieder werden schon seit mehreren Jahrhunderten gesungen und haben sich in dieser Zeit kaum verändert.
Auch heute entstehen immer wieder neue Lieder über die Liebe, am häufigsten in der Schlagerindustrie. Diese Schlager werden von hauptberuflichen Textern und Komponisten mit dem Ziel geschaffen, daß möglichst viele Schallplatten verkauft werden. Solche Schlager haben meist nur eine kurze Lebensdauer und einer löst den anderen ab.

Bringt Schallplatten mit deutschen Schlagern, die von der Liebe handeln, mit in die Schule.

Hört Euch die Lieder nach folgenden Gesichtspunkten an:

a) Wird eine Geschichte erzählt?
b) Wird der Hörer direkt angesprochen?
c) Wirkt der Text tröstend, aufmunternd, erheiternd?
d) Wirkt das Lied so, daß man dabei traurig wird, sich einsam fühlt oder Mitleid hat?
e) Würdet Ihr sagen, daß der Text Eure Gefühle anspricht? **A 34**

Stellt anhand der Antworten fest, bei welchen Fragen die Ja-Antworten überwiegen!

9.5.1 Es waren zwei Königskinder

Das Thema, das in diesem Lied besungen wird, kann man in etwas anderer Form zurückverfolgen bis ins Altertum. Die Melodie in der hier vorliegenden Form stammt aus dem 19. Jahrhundert.

Lest Euch den Text durch und überlegt, woran es liegen kann, daß sich dieses Lied über Jahrhunderte halten konnte und immer wieder gesungen wird.

Versucht die allgemeinen Grundzüge des Textes zu besprechen und eine Geschichte mit denselben Grundzügen zu schreiben, die in unserer Zeit handelt.

Bringt diese Geschichte so in Versform, daß sie zur Melodie des Liedes gesungen werden kann.

Die Bildgeschichte auf der nächsten Seite wurde von einer Klasse aus dem Westberliner Stadtteil Kreuzberg ausgedacht und fotografiert. In diesem Stadtteil gibt es besonders viele ausländische, vor allem türkische Kinder. Versucht anhand der Bildfolge den Verlauf der Geschichte herauszubekommen.

Vergleicht die beiden Fassungen des Liedes auf der Schallplatte mit Hilfe des Arbeitsbogens. **A 35/H 67/H 68**

2. »Ach Schätzchen, könntest du schwimmen,
So schwimm doch herüber zu mir!
Drei Kerzen will ich anzünden,
Und die soll'n leuchten zu dir.«
3. Das hört ein falsches Nönnchen,
Die tat, als wenn sie schlief;
Sie tät die Kerzen auslöschen:
Der Jüngling ertrank so tief.
4. Es war an einem Sonntagmorgen,
Die Leut waren alle so froh,
Nicht so die Königstochter,
Sie weint sich die Äuglein rot.
5. »Ach Mutter, herzliebste Mutter,
Der Kopf tut mir so weh;
Ich möcht so gern spazieren
Wohl an dem grünen See.«

6. Die Mutter ging nach der Kirche,
Die Tochter hielt ihren Gang.
Sie ging so lang spazieren,
Bis sie den Fischer fand.
7. »Ach Fischer, liebster Fischer,
Willst du verdienen groß' Lohn?
So wirf dein Netz ins Wasser
Und fisch mir den Königssohn.«
8. Er warf das Netz ins Wasser,
Es ging bis auf den Grund.
Der erste Fisch, den er fischet,
Das war des Königs Sohn.
9. Sie faßt ihn in ihre Arme
Und küßt seinen toten Mund:
»Ach Mündlein, könntest du sprechen,
So wär mein jung Herze gesund.«

10. Sie schwang um sich ihren Mantel
Und sprang wohl in die See:
»Gut Nacht, mein Vater und Mutter,
Ihr seht mich nimmermehr«.
11. Da hört man Glocken läuten,
Da hört man Jammer und Not:
Hier liegen zwei Königskinder,
Die sind alle beide tot.

(Aus: Deutsche Volkslieder. Karl Robert Langewiesche, Königstein 1959)

9.5.2 My Bonny is over the ocean

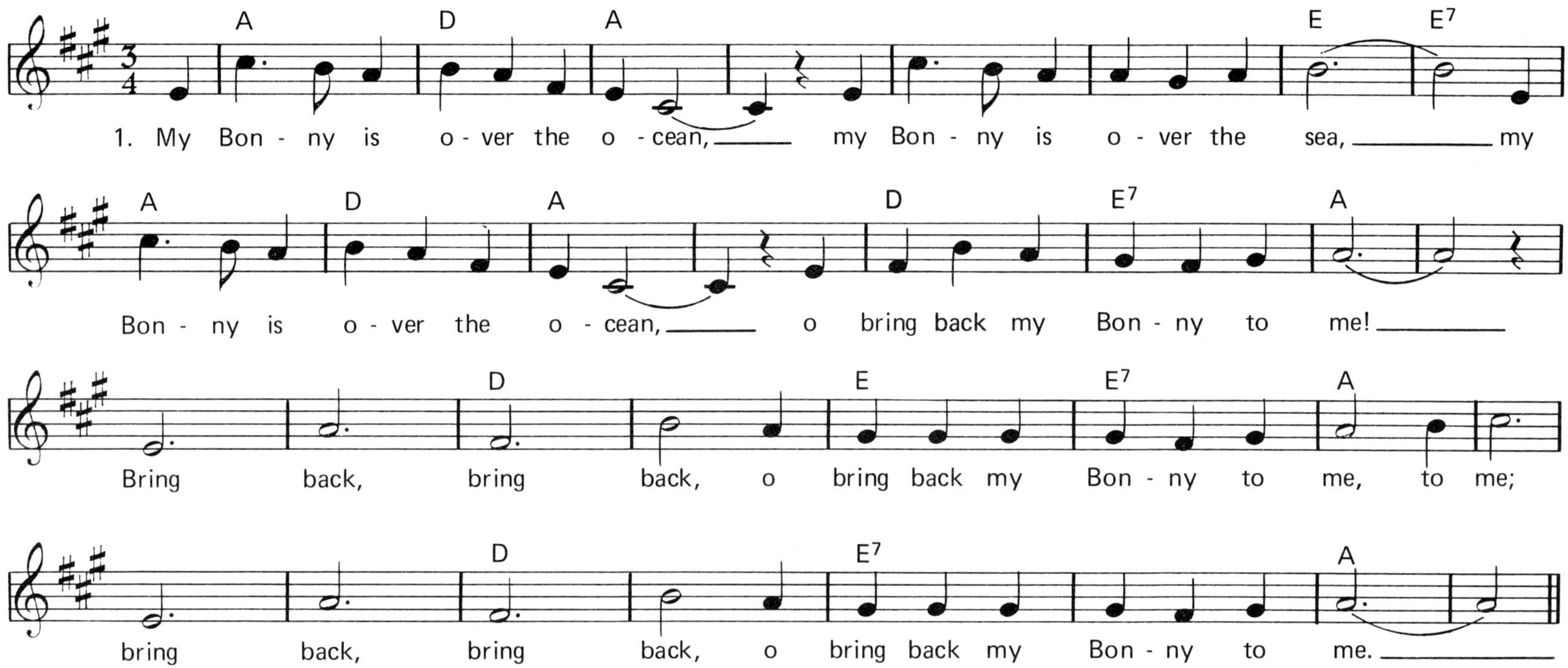

2. Last night as I lay on my pillow,
last night as I lay on my bed,
last night as I lay on my pillow,
I dreamed that my Bonny was dead.
Bring back ...
3. The winds have blown over the ocean,
the winds have blown over the sea,
the winds have blown over the ocean
and brought back my Bonny to me.
Brought back ...

Ein beliebtes Lied aus Amerika ist das Lied »My Bonny is over the Ocean«. Es erzählt von der Sehnsucht eines Mannes, dessen Freundin weit weg ist. Nachdem er in der 2. Strophe schon Angst hat, sie könnte tot sein, kommt sie in der 3. Strophe zu ihm zurück.
Entsprechend dem glücklichen Ausgang dieses Liedes wird es recht schnell und fröhlich gesungen. Durch seinen schnellen Dreivierteltakt entspricht dieses Lied in etwa den deutschen »Schunkelliedern«.
Entsprechend dem Aufbau in Vers und Refrain wird der Vers in der Regel von einem Sänger vorgesungen, der Refrain wird von allen mitgesungen.

Man kann sich bei diesem Lied einen Saloon im alten Wilden Westen vorstellen. Einmal in der Woche kommen die Farmer und Cowboys aus der ganzen Umgebung in die kleine Stadt, um ihre Einkäufe zu machen und sich im Saloon »vollaufen« zu lassen. Mädchen und Frauen waren Mangelware im Wilden Westen, der Whiskey mußte vieles ersetzen. In den Saloons gab es meist einen Klavierspieler und eine Sängerin. In Wildwestfilmen wird die Atmosphäre dieser Saloons oft dargestellt. Es ist klar, daß Männer, die eine Flasche Whiskey getrunken haben, nicht mehr »schön« singen.

Versucht, das Lied vor diesem Hintergrund zu verstehen und aufzuführen.

9.5.3 The Banks of the Ohio H 59

Ein amerikanisches Volkslied, das von einem Mord handelt. Wenn Ihr den Text übersetzt, merkt Ihr, daß die Geschichte nicht ganz ernst zu nehmen ist.

An welchen Stellen ist das zu erkennen? Welchen Grund könnte der Junge gehabt haben, seine Freundin umzubringen?

Entwerft zu jeder der drei Strophen eine Illustration, aus der hervorgeht, was in dieser Strophe passiert. A 39/A 37

Vergleicht die Schlagerfassung des Liedes mit der Volksliedfassung! H 72/H 69 *Wodurch unterscheiden sich die beiden Fassungen?*
Zu welcher Strophe könnte diese Schülerzeichnung gehören?

2. I held a knife against her breast
As into my arms she pressed she cried,
»Oh Willie don't murder me,
I'm not prepared, for eternity.«
And only …

3. I started home 'tween twelve and one
I cried, »My God what have I done,«
killed the only woman I loved,
because she would not be my bride.
And only …

(Aus: Basic Sing Book für Guitar. Hansen, New York.)

9.5.4 Kalinka H 70

Dieses alte russische Liebeslied von dem Mädchen Kalinka, das zärtlich als »Himbeere« bezeichnet wird, gibt harmonisch und rhythmisch einige Merkmale der russischen Volksmusik zu erkennen.
Das Lied besteht aus zwei harmonisch unterschiedlichen Teilen. Der erste Teil ist in Moll, der zweite Teil in Dur gehalten.
Rhythmisch wird der erste Teil stark betont gesungen, während der zweite Teil rhythmisch kaum betont ist und auch im Tempo eher frei gesungen wird.

Hört Euch die Aufnahme des Liedes auf der Schallplatte an und beantwortet folgende Fragen:
Welche Stellen des Liedes werden vom Chor gesungen?
Welche Stellen des Liedes werden von dem Solosänger gesungen?
Wo und wie verändert sich das Tempo des Liedes?

Die deutsche Übersetzung des russischen Textes lautet ungefähr:
Kalinka, Kalinka, meine Kalinka,
Im Garten ist eine Beere – meine Himbeere!
Unter der grünen Kiefer, da legt mich schlafen.
Ei, tjuli, tjuli, (das ist ein Ausruf), legt mich schlafen!
Der russische Text des Liedes wurde hier so aufgeschrieben, wie er gesprochen wird.

9.5.5 Kein Feuer, keine Kohle H 71

Über ganz Deutschland war und ist das Lied von der Liebe, die heißer brennt als jedes Feuer, verbreitet.
Beendet wird das Lied harmonisch durch einen häufig benutzten Abschluß, eine Kadenz. In der Kadenz folgen die Dreiklänge auf der I., der IV. und der V. Stufe so aufeinander: I – IV – I – V – I.
In diesem Lied entsprechen die Gitarrengriffe F der I. Stufe, B der IV. Stufe und C der V. Stufe. Die 7 über dem C bedeutet, daß zu dem Dreiklang c-e-g noch die Septime hinzugefügt wird, also das b. Einen solchen Dreiklang auf der V. Stufe nennt man Dominantseptakkord, weil die V. Stufe auch als Dominante bezeichnet wird.

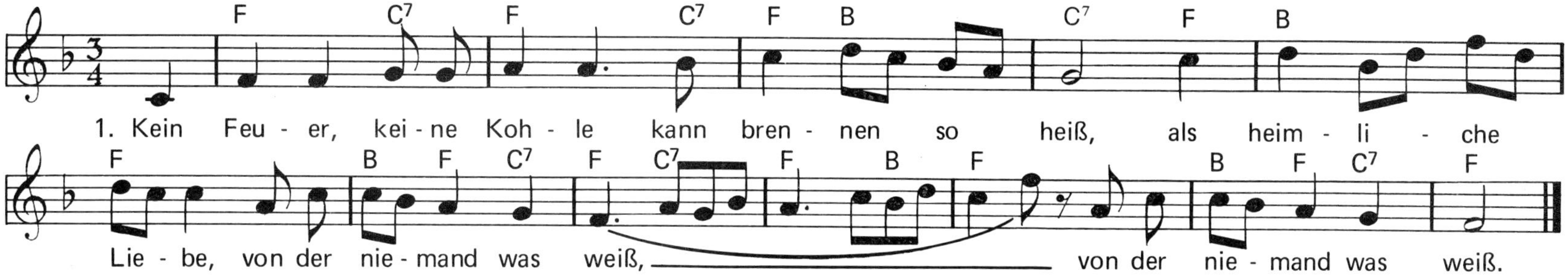

2. Keine Rose, keine Nelke kann blühen so schön,
als wenn zwei verliebte Seelen
beieinander stehn.

3. Setze du mir einen Spiegel ins Herz hinein,
damit du kannst sehen,
wie treu ich es mein.

(Aus: Der Zupfgeigenhansl. Verlag Friedrich Hofmeister, Hofheim/Ts.)

Stellt fest, wo sich am Schluß des Liedes die Kadenz befindet!

9.5.6 Das Heidenröslein

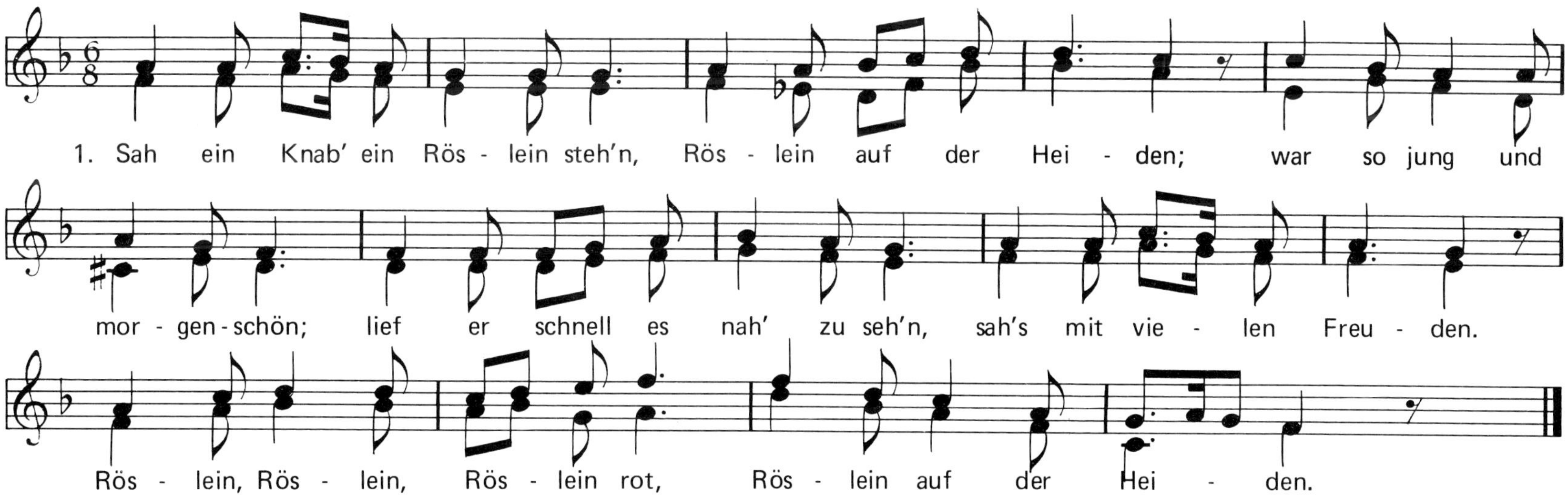

2. Knabe sprach: »Ich breche dich,
Röslein auf der Heiden!«
Röslein sprach: »Ich steche dich,
daß du ewig denkst an mich,
und ich will's nicht leiden«.
Röslein ...

3. Und der wilde Knabe brach's
Röslein auf der Heiden.
Röslein wehrte sich und stach;
half ihm doch kein Weh und Ach,
mußt' es eben leiden.
Röslein ...

Goethe hat sich sehr viel mit Volksliedern beschäftigt, und er versuchte, Lieder, die vom Vergessen bedroht waren, der Nachwelt zu erhalten.

Vergleicht die Volksliedfassung des Liedes mit der Kunstliedfassung von Franz Schubert (Vgl. S. 124)! H72/H94

9.5.7 Die Räuberbraut H 73

2. Du armes Mädchen,
mich dauert deine Seele,
Denn ich muß fort in meine Räuberhöhle,
Wo wir dereinst so glücklich wollten sein,
Jedoch es muß, es muß geschieden sein.
3. Nimm diesen Ring
und sollte jemand fragen,
So sprich: Ein Räuber hat ihn so lang
getragen,
Der dich geliebt bei Tag und bei der Nacht,
Und der schon viele Menschen umgebracht.
4. Geh nur dahin in einen grünen Garten,
Wo viele andere junge Männer warten,
Vielleicht kannst du mit einem glücklich
sein,
Ich aber muß in' finstern Wald hinein.
5. Und wenn ich endlich,
endlich komm zum Sterben,
So sollst du alles, ja alles von mir erben.
Ich setz in mein Testament dich ein,
Nur du allein sollst meine Erbin sein.

Hier wird eine sehr zu Herzen gehende Geschichte von einem Räuber und seiner Freundin besungen. Solche traurigen Geschichten waren um die Jahrhundertwende im Volk sehr beliebt. Bekannt wurden sie meist durch Straßensänger, die sie in den Hinterhöfen der Großstädte zum Leierkasten sangen. Diese Art von Sängern gibt es heute kaum noch, höchstens als Attraktion für Touristen. Von den Hinterhöfen wanderten die Lieder in die Küchen und Stuben und wurden dort meist neben der Arbeit gesungen. Deshalb bezeichnet man diese Art von Liedern auch oft als »Küchenlieder«.

9.6 Lieder zur Arbeit

Aus vielen Ländern sind uns Lieder erhalten, die bei der Arbeit gesungen werden oder wurden. Zwei verschiedene Arten von Liedern sind dabei zu unterscheiden. Erstens gibt es Lieder, die einfach bei der Arbeit gesungen wurden, damit die Eintönigkeit der Arbeit etwas leichter zu ertragen war, zweitens gibt es Lieder, die im Takt und Rhythmus genau zur Arbeit paßten. Die Arbeit wurde bei der zweiten Art von Liedern also im Rhythmus des Liedes verrichtet.

Welche Arten von Arbeit kennt Ihr, die in einem bestimmten Rhythmus verrichtet werden?

Woran könnte es liegen, daß wir keine Lieder kennen, die zur Fabrikarbeit in der Industrie gesungen werden?

9.6.1 Die Weber H 74

2. »Wo habt ihr das schöne Töchterlein,
tritt auf!
Wo habt ihr das schöne Töchterlein?
Es wollen sie Fürsten und Grafen frei'n.«
Refrain
3. »Einen Fürsten und Grafen, den mag
ich nicht, tritt auf!
Einen Fürsten und Grafen, den mag ich
nicht,
einen schneeweißen Weber versag' ich
nicht.« Refrain
4. »Einen schneeweißen Weber, den muß
ich hab'n, tritt auf!
Einen schneeweißen Weber den muß ich
hab'n
und wenn ich ihn muß aus der Erde grab'n«.
Refrain

Das Tempo dieses Liedes ist durch den ständigen Rhythmus der Webstühle, wie sie bis ins 19. Jahrhundert verwendet wurden, vorgegeben. Das Lied wurde vermutlich zur eintönigen Arbeit des Webens gesungen.

Welche Stellen im Text weisen darauf hin, daß das Lied direkt bei der Arbeit gesungen wurde?

9.6.2 What shall we do with the drunken sailor

2. Take him and shake him and try to awake him …
3. Give him a dose of salt and water …
4. Give him a dash with a bosom's rubber …
5. Put him in a long boat till he's sober …
6. Pull out the plug and wet him all over …
7. Heave him by the leg in a running bowline …
8. That's what to do with a drunken sailor …

Aus der Zeit, als man bei der Schiffahrt noch Segelschiffe benutzte, sind uns viele Lieder erhalten. Die Arbeit auf einem solchen Segelschiff war sehr schwer, die Riesensegel mußten gesetzt oder herabgelassen werden, der Anker mußte gelichtet werden. Es waren immer mehrere starke Männer nötig, um an den schweren und dicken Tauen zu ziehen. Damit keine unnötige Kraft aufgewendet wurde, hat man in einem bestimmten Rhythmus nach Kommando oder bei einem Lied diese Arbeit verrichtet. Dieses Lied und das Lied »Ick heff mol in Hamburg« wurden bei solchen Arbeiten gesungen. H 52

Versucht festzustellen, an welchen Stellen der Lieder die Männer gemeinsam an dem Tau zogen.

9.6.3 Ick heff mol in Hamburg en Veermaster sehn

2. Dat Deck weer von Isen, vull Schiet und vull Schmeer,
dat weer de Schietgäng oer schönstes Pläseer. Blow ...
3. Dat Logis weer vull Wanzen, de Kömbus weer vull Dreck,
de Beschüten, de leupen von sülven all weg. Blow ...
4. Dat Saltfleesch weer grön, und de Speck weer vull Moden,
und Köhm gev dat blots an Wiehnachtsobend. Blow ...
5. Und wulln wi mol seiln, ick sogg dat ja nur,
denn lööp he dree vörut und veer wedder retur. Blow ...
6. As dat Schipp, so weer ok de Kaptain,
de Lüd für dat Schipp weern ok blots schangheit. Blow ...

9.7 Kinderlieder

Es gibt sehr viele Lieder, die für Kinder geschrieben wurden. Entweder bekommen die Kinder die Lieder vorgesungen, oder sie singen sie selbst.

Schon in frühester Kindheit singen viele Mütter ihren Kindern Wiegenlieder vor, damit sie besser einschlafen. Die ersten Lieder, die Kinder selbst singen, sind meist Abzähllieder, die zu Spielen gesungen werden.

Fragt zu Hause, ob Euch Wiegenlieder vorgesungen wurden, als Ihr noch sehr klein wart!
Versucht Euch an Lieder zu erinnern, die Ihr als kleine Kinder gesungen habt.

9.7.1 Drei junge Trommler

Die Trommler spielten früher in den Kriegen eine besondere Rolle. Noch vor den Soldaten gingen sie mit ihren Trommeln und spielten darauf Marschrhythmen. Der Zweck war, den Soldaten etwas die Angst vor dem Kampf zu nehmen. Die Trommler galten als sehr mutig und waren wahrscheinlich bei den Mädchen sehr beliebt.
Das alte französiche Volkslied von den drei Trommlern gehört nicht eindeutig zu den »Kinderliedern«, wird aber meist zu ihnen gezählt. Dies liegt wohl daran, daß die Geschichte sehr lehrreich ist.

2. Le plus jeune a à la bouche une rose.
3. La fille du Roi était à sa fenêtre.
4. »Joli tambour, donne-moi donc ta rose!«
5. »Fille du Roi, donne-moi donc ton coeure!«
6. »Joli tambour, demande le mon père!«
7. »Sire le Roi, donne-moi donc ta fille!«
8. »Joli tambour, comment oses-tu dire.
9. Joli tambour, quelles sont tes richesses?«
10. »Sire le Roi, ma caisse et mes baguettes.«
11. »Joli tambour, tu n'es pas assez riche.«
12. »J'ai trois vaisseaux dessus la mer jolie.
13. L'un chargé d'or, l'autre de pierreries.
14. Et le troisièm' pour promener ma mie.«
15. »Joli tambour, dis-moi quel est ton père.«
16. »Sire le Roi, c'est le Roi d'Angleterre.
17. Et ma mère eat la Reine de Hongrie.«
18. »Joli tambour, tu auras donc ma fille.«
19. »Sire le Roi, je vous en remercie.
20. Dans mon pays il y en a de plus jolies.«

1. Trois jeun's tambours, die kamen aus dem Kriege.
2. Keck trug im Mund der jüngste eine Rose.
3. Stand die Prinzessin, stand am offenen Fenster.
4. »Junger Tambour, ach schenk mir deine Rose!«
5. »Schöne Prinzessin, ach schenkt mir euer Herze!«
6. »Junger Tambour, so fraget meinen Vater!«
7. »Sire le Roi, o gebt mir eure Tochter!«
8. »Junger Tambour, sehr kühn ist dein Verlangen!
9. Junger Tambour, was nennst du denn dein eigen?«
10. »Sire le Roi, die Trommel und die Schlegel.«
11. »Junger Tambour, du bist ein armer Freier.«
12. »Hab auch drei Schiffe fahren auf dem Meere.
13. Eins ist voll Gold, das andre voll Geschmeide.
14. Und auf dem dritten soll mein Liebchen fahren.«
15. »Junger Tambour, so nenn mir deinen Vater!«
16. »Sire le Roi, der König ists von England;
17. und meine Mutter Königin von Ungarn.«
18. »Junger Tambour, so nimm denn meine Tochter!«
19. »Sire le Roi, ich danke für die Ehre.
20. Reich ist mein Land: Es hat noch schön're Mädchen!«

Eine andere deutsche Fassung:
Ein kleiner Tambour

Ein kleiner Tambour kam g'rade aus dem Kriege ...
Der König hat 'ne wunderschöne Tochter ...
König und Herr kann ich die Tochter haben ...
Kleiner Tambour, wer sind denn deine Eltern ...
Mein Vater ist der König Herr von England ...
Und Königin von Ungarn meine Mutter ...
Kleiner Tambour, du kannst mein' Tochter haben ...
König und Herr, ich danke für die Ehre ...
In unser'm Land gibt's noch viel schön're Mädchen ...

Was kann man Eurer Ansicht nach aus der Geschichte von den drei Trommlern lernen? A 38

Auf der Schallplatte findet sich das Lied in einer anderen deutschen Fassung. Hört sie Euch an und sprecht über die Instrumentation! H 75

Dieses Lied eignet sich sehr gut zur szenischen Darstellung mit verteilten Rollen. Dabei können entweder die Darsteller (Tambour, Tochter, König) zusammen mit einem Erzähler selbst singen, oder sie spielen zum Gesang der Klasse oder anderer einzelner Schüler.

9.7.2 Puff, the magic dragon H 76

Die Geschichte von dem Zauberdrachen Puff endet traurig. In diesem Lied wird Kritik an dem Verhalten von vielen Kindern geübt.

Laßt Euch den Text übersetzen und überlegt, welches Verhalten von Jacky Paper in dem Lied kritisiert wird.

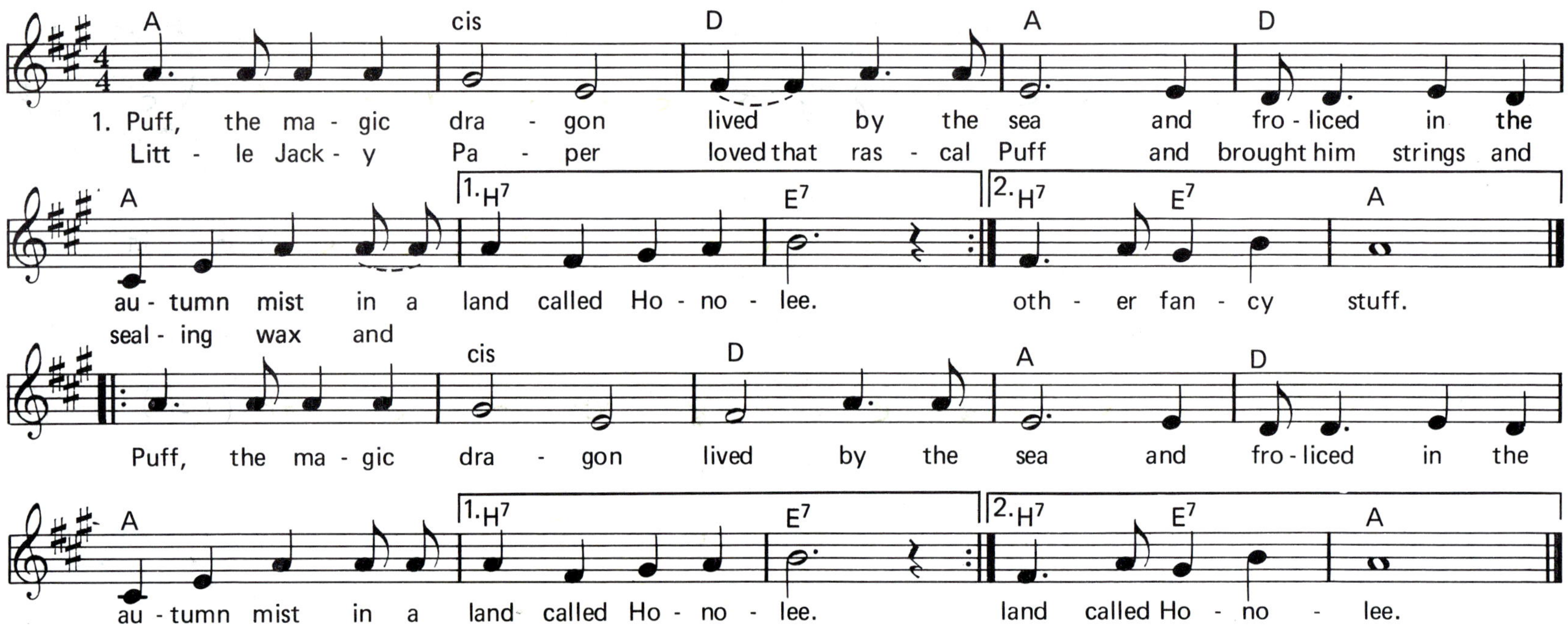

2. Together they would travel on a boat with pillow sails
Jacky kept a lock-out perch on Puff's gigantic tail.
Noble, kings and princess would bow wheree'er they came,
pirate ships would lower their flags when Puff roar out his name.
Refrain

3. A dragon lived forever but not so little boys.
Painted wings and giant swings make way for other toys.
One grey night it happened Jacky Paper came no more
and Puff that mighty dragon he ceased his fearless roar.
Refrain

4. His head was bent in sorrow, ringscales fell like rain,
Puff no longer went to play along that cherry lane.
Without his life-long friend Puff could not be brave,
so Puff that mighty dragon sadly slipped into his cave.
Refrain

9.7.3 Wer sagt, daß Mädchen dümmer sind H77

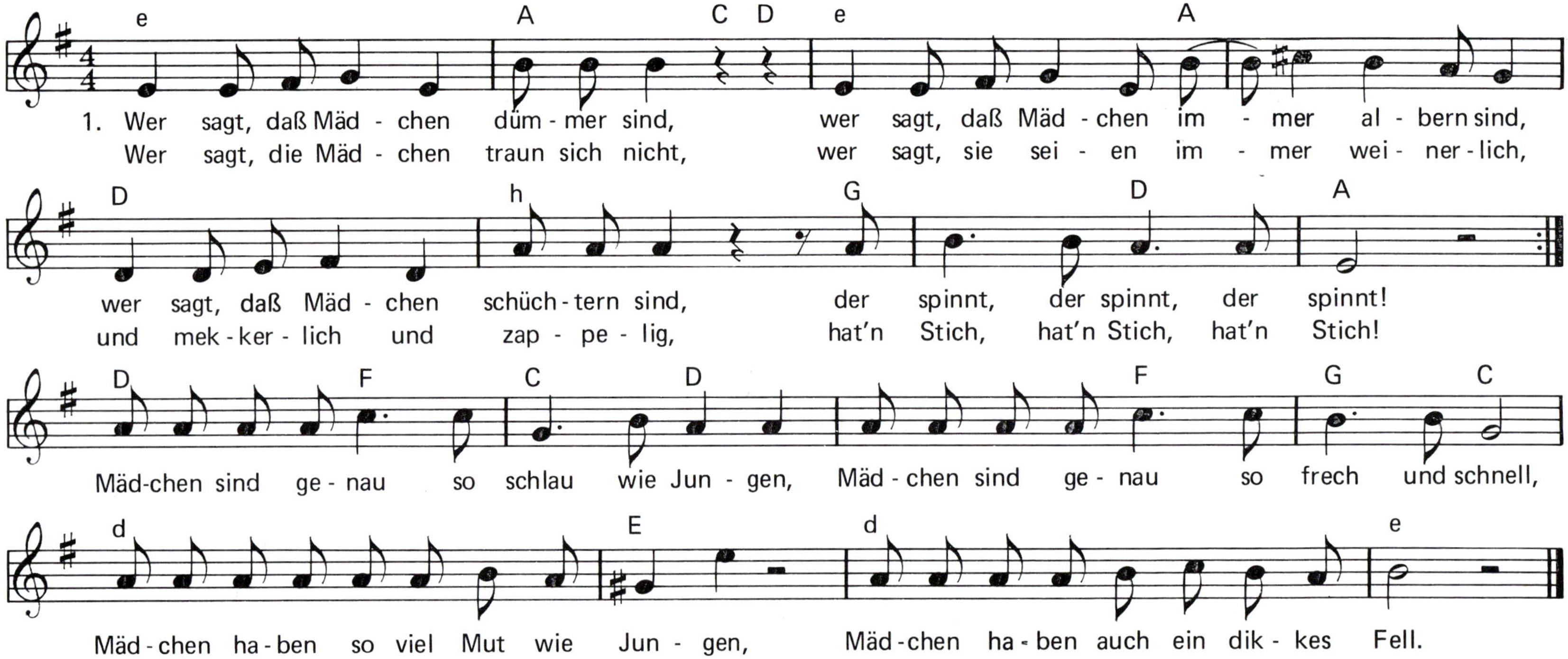

2. Wer sagt, daß Mädchen schwächer sind,
Wer sagt, daß Mädchen immer zickig sind,
Wer sagt, daß Mädchen artig sind,
der spinnt, der spinnt, der spinnt.
Wer sagt, die Mädchen fürchten sich,
und petzen und sind immer zimperlich,
Sind also blöd und hinderlich,
Der hat'n Stich, 'n Stich, 'n Stich.
Mädchen sind genauso schlau wie Jungen,
usw. ...

Text: Volker Ludwig. Musik: Birger Heymann. Aus: Das Grips Liederbuch. Verlag Heinrich Ellermann, München

Da es immer wieder Jungen und Männer gibt, die Mädchen und Frauen für dümmer als Männer halten, hat das Berliner Grips-theater in das Stück »Balle, Malle, Hupe und Artur« ein Lied für Kinder aufgenommen, das dieses Thema behandelt.

9.8 Lieder über den Krieg

Viele Lieder handeln in irgendeiner Form vom Krieg und doch können sie ganz verschieden, ja gegensätzlich sein. Lieder können auffordern, in den Krieg zu ziehen. Lieder können davon erzählen, wie heldenhaft Soldaten sind, sie können aber auch davon erzählen, daß Soldaten nie mehr vom Krieg zurückgekommen sind und Kinder ihren Vater nie kennengelernt haben.

9.8.1 Wir sind des Geyers schwarzer Haufen H78

Das Lied stammt aus der Zeit der Bauernkriege im 16. Jahrhundert. In den Bauernkriegen wollten die Bauern die Vorrechte der Adeligen und der Kirche beseitigen, sie wurden jedoch geschlagen. Florian Geyer war ein Ritter aus Franken, der die Bauern anführte. Sein Ziel war die Errichtung eines Reiches, in dem die Vorrechte der Fürsten und Bischöfe abgeschafft sind. Florian Geyer wurde nach der verlorenen Entscheidungsschlacht von den Bauern erschlagen. Echt sind bei diesem Lied nur die 2. und 3. Strophe, alle anderen wurden erst später dazu gedichtet.

2. Als Adam grub und Eva spann, Kyrieleis,
Wo war denn da der Edelmann? Kyrieleis.
3. Wir wollen's Gott im Himmel klagen,
Kyrieleis,
Daß wir die Pfaffen nicht dürfen
totschlagen, Kyrieleis!
4. Der Florian Geyer führt uns an,
heijaho, ho!
Den Bundschuh führt er in der Fahn,
trotz Acht und Bann.
5. Wir woll'n nicht länger sein der Knecht,
heijaho, ho!
Leibeigen, frönig, ohne Recht, heijaho, ho!
6. Geschlagen ziehen wir nach Haus,
heijaho, ho!
Die Enkel fechten's besser aus, heijaho, ho!

9.8.2 When Johnny comes marching home H 79

Dieses Lied wurde von den Soldaten der Nordstaaten im amerikanischen Bürgerkrieg gesungen. In diesem Krieg zwischen den Nordstaaten und den Südstaaten ging es vor allem um die Abschaffung der Sklaverei in den Südstaaten aber auch andere Interessen der Nordstaaten spielten dabei eine große Rolle.

Unter dem Pseudonym Louis Lambert veröffentlichte 1863 der Leiter einer Militärkapelle Patrick S. Gilmore das Lied. Die Melodie des Liedes ist jedoch schon lange vorher bekannt gewesen und wurde in Irland als Volkslied gesungen. Das irische Antikriegslied »Johnny I hardly knew you« hat dieselbe Melodie und ist wahrscheinlich ebenfalls älter als »When Johnny comes marching home«.

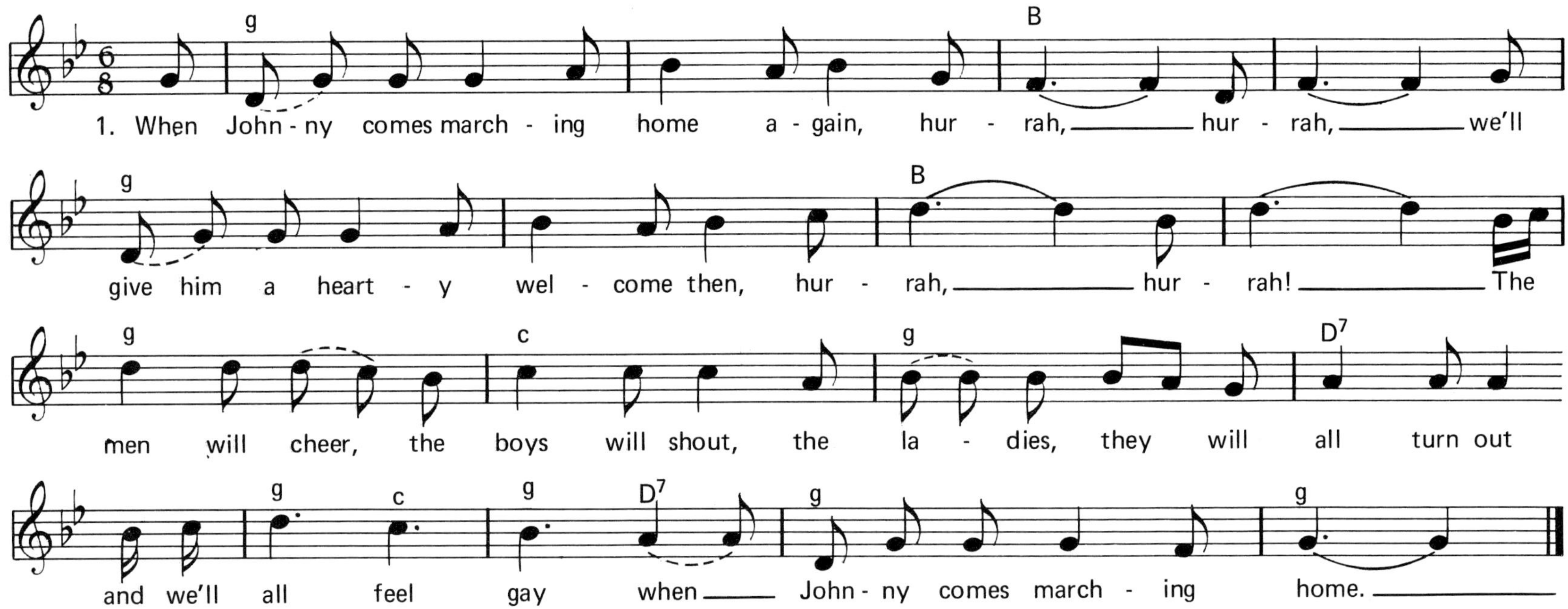

2. The old church bell will peal with joy,
hurrah, hurrah,
to welcome home our darling boy,
hurrah, hurrah!

3. The village lads and lassies gay,
with roses they will strew the way,
and we'll all feel gay …

(Aus: Folk Sing. Essex Musikvertrieb GmbH, Köln)

Weil das Notenbild dadurch einfacher zu verstehen ist, wurde das Lied hier im 6/8-Takt notiert. Zu singen und begleiten ist es jedoch wie ein 4/4-Takt. Zwei Takte im 6/8-Takt entsprechen dabei einem Takt im 4/4-Takt. Entsprechend wird auch wie beim 4/4-Takt gezählt:

Laßt eine Gruppe zu der Zählweise im 4/4-Takt den folgenden Rhythmus zu dem Lied spielen:

9.8.3 Down by the riverside

»Down by the riverside« handelt von einem Soldaten, der seine Waffen wegwirft und nie wieder in den Krieg ziehen will.

Überlegt, in welcher Stimmung sich dieser Soldat befindet, und versucht, das Lied dementsprechend zu singen.

2. Goin' to lay down my burden, Down by …
Goin' to lay down my burden, Down by …
3. Goin' to meet my old father, Down by …
Goin' to meet my old father, Down by …
4. Goin' to meet my old mother, Down by …
Goin' to meet my old mother, Down by …

(Aus: Folk Sing. Essex Musikvertrieb GmbH, Köln)

9.8.4 Where have all the flowers gone?

Der Krieg, den die USA in Vietnam führten, wurde – je länger er dauerte – von immer mehr Amerikanern in Frage gestellt. Viele amerikanische Soldaten starben im Dschungel Vietnams und viele Amerikaner sahen keinen Sinn in diesem Sterben. In Amerika war zwar die Zivilbevölkerung von diesem Krieg praktisch gar nicht betroffen, trotzdem bildete sich eine Bewegung unter der Bevölkerung, die gegen den Krieg protestierte. Dieser Protest fand auch in vielen Liedern seinen Ausdruck. Eines dieser Lieder ist »Where have all the flowers gone«, das inzwischen fast überall auf der Erde als Protestlied gegen jeden Krieg gesungen wird.

Hört eine Originalaufnahme (H 80) *mit Pete Seeger, von dem der englische Text und die Musik stammen, und vergleicht sie mit der deutschen Aufnahme der Schlagersängerin Juliane Werding.* (H 81) *Versucht dabei folgende Fragen zu beantworten:*

Worin unterscheiden sich die beiden Aufnahmen?

Welche der beiden Fassungen paßt besser zum Text des Liedes?

Welche Fassung hört sich mehr nach einem Schlager an?

Welche Fassung gefällt Menschen, die nicht auf den Text achten, wahrscheinlich besser?

2. Where have all the young girls gone …
Gone to husbands everyone, when will they ever learn …
3. Where have all the husbands gone …
Gone to soldiers everyone,
when will they ever learn …
4. Where have all the soldiers gone …
Gone to graveyards everyone,
when will they ever learn …
5. Where have all the graveyards gone …
Covered with flowers everyone,
when will they ever learn …
6. Wie 1.

(Text und Musik: Pete Seeger. Deutscher Text: Max Colpet. Essex Musikvertrieb GmbH, Köln)

Deutscher Text: Max Colpet
1. Sag mir, wo die Blumen sind,
wo sind sie geblieben,
sag mir, wo die Blumen sind,
was ist geschehn?
Sag mir, wo die Blumen sind,
Mädchen pflückten sie geschwind,
wann wird man je verstehn,
wann wird man je verstehn?
2. Sag mir, wo die Mädchen sind …
Männer nahmen sie geschwind …
3. Sag mir, wo die Männer sind …
Zogen fort, der Krieg beginnt …
4. Sag, wo die Soldaten sind …
Über Gräbern weht der Wind …
5. Sag mir, wo die Gräber sind …
Blumen wehn im Sommerwind …
6. Wie 1.

9.8.5 Blowing in the wind

Ebenso wie »Where have all the flowers gone« entstand das Lied »The answer is blowing in the wind« als Ausdruck des Protestes gegen den Vietnamkrieg. Bob Dylan, einer der berühmtesten Komponisten, Texter und Sänger der Liederbewegung in den 60er Jahren komponierte, textete und sang dieses Lied erstmals 1963. Es wurde eines der Lieblingslieder der Friedensbewegung in Amerika.
Das Lied besteht aus einer Reihe von Fragen und der stets wiederkehrenden Behauptung, daß die Antwort auf alle diese Fragen irgendwo im Wind steht.

Dylan selbst sagt zu diesem Lied:
»Es gibt nicht viel über dieses Lied zu sagen, außer, daß die Antwort eben im Wind steht. Sie steht in keinem Buch, in keinem Film, sie wird in keiner Fernsehschau und Gruppendiskussion gefunden … Ich sag immer noch: Sie ist im Wind und wie ein ruheloses Stück Papier, das irgendwo runterkommen muß … das Dumme ist nur, niemand hebt die Antwort auf, wenn sie mal runterkommt, und nicht allzu viele Menschen bekommen sie überhaupt zu sehen … und dann fliegt das Stück Papier wieder weiter«.

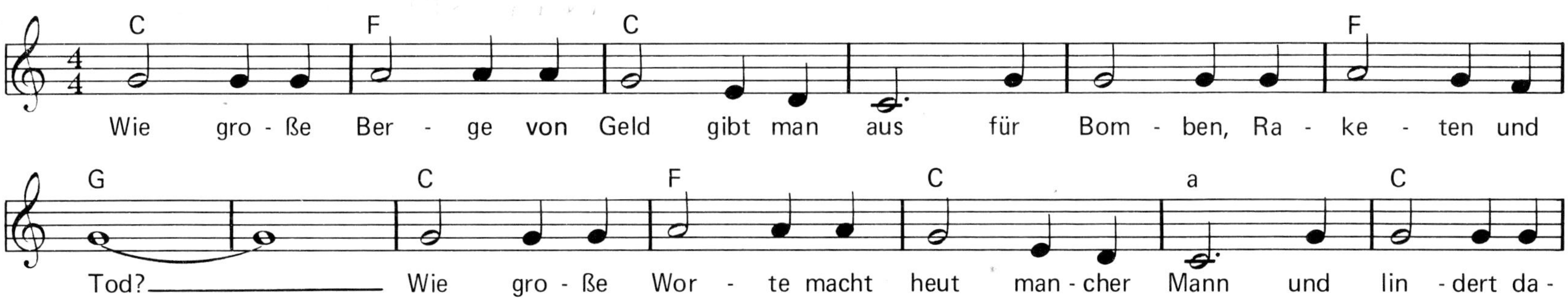

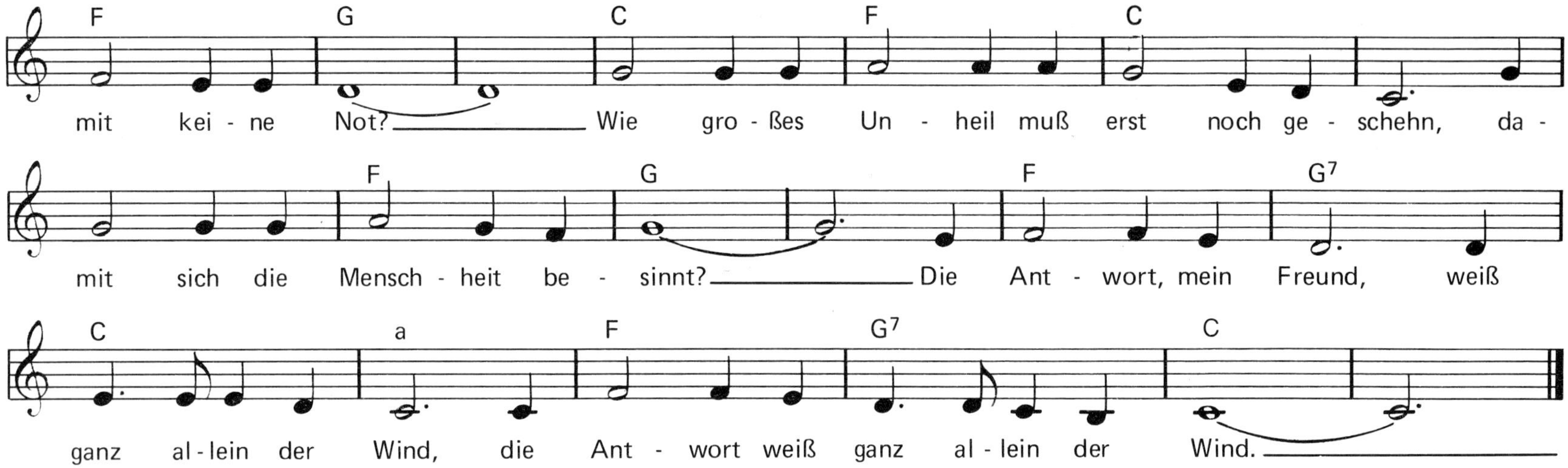

Deutsche Textfassung
Wie viele Straßen auf dieser Welt,
sind Straßen voll Tränen und Leid?
Wie viele Meere auf dieser Welt,
sind Meere der Traurigkeit?
Wie viele Mütter sind lang schon allein,
und warten, und warten noch heut?
Die Antwort mein Freund …
Wie viele Menschen sind heut' noch nicht frei
und würden es so gerne sein?
Wie viele Kinder geh'n abends zur Ruh'
und schlafen vor Hunger nicht ein?
Wieviele Träume erflehen bei Nacht,
wann wird es für uns anders sein?
Die Antwort mein Freund …

Amerikanische Textfassung
How many roads must a man walk down,
before you can call him a man? – Yes, 'n
how many seas must a white dove sail,
before she sleeps in the sand? – Yes, 'n
how many times must a cannon ball fly,
before they forever are banned? –
The answer, my friend, is blowin' in the wind
the answer is blowin' in the wind.
How many times must a man look up,
before he can see the sky? – Yes, 'n
how many ears must one man have,
before he can hear people cry? – Yes, 'n
how many deaths will it take, till he knows
that so many people have died? –
The answer, my friend …

How many years can a mountain exist,
before it is washed to the sea? – Yes, 'n
how many years can some people exist,
before they're allowed to be free? – Yes, 'n
how many times can a man turn his head
pretending he just didn't see? –
The answer, my friend …

9.8.6 Zogen einst fünf wilde Schwäne

2. Wuchsen einst fünf junge Birken
schön und schlank am Bachesrand
»Sing, sing, was geschah?«
Keine in Blüten stand.
3. Zogen einst fünf junge Burschen
stolz und kühn zum Kampf hinaus
»Sing, sing, was geschah?«
Keiner kehrt nach Haus.
4. Wuchsen einst fünf junge Mädchen
schön und schlank am Memelstrand.
»Sing, sing, was geschah?«
Kein's den Brautkranz wand.

(Worte und Weise: Karl Plenzat nach litauischen Strophen. Verlag Friedrich Hofmeister, Hofheim/Ts.)

Zogen einst fünf wilde Schwäne ist ein altes litauisches Lied, in dem nur indirekt über den Krieg gesprochen wird.

Lest Euch den Text durch und sucht die Stellen, in welchen vom Krieg gesprochen wird.

Aus welchen Stellen des Textes geht hervor, was der Sänger von seinen Zuhörern erwartet?

9.9 Lieder aus der Zeit der Sklaverei

Die heutige schwarze Bevölkerung in den USA ist zum allergrößten Teil die Nachkommenschaft der Sklaven, die bis in das letzte Jahrhundert hinein von Afrika nach Amerika verschifft wurden und dann in Amerika versteigert wurden.

»Die Verpflanzung der afrikanischen Neger auf den amerikanischen Kontinent gehört zu den düstersten und grausamsten Begebenheiten der Weltgeschichte.
Die Neue Welt brauchte Arbeitskräfte ... Abenteurer gingen an der Guineaküste an Land, nahmen ganze Familien gefangen oder vereinbarten mit den verschiedenen Herrschern, sie als Gegengabe für Sklaven mit Stoffen, Alkoholika und allerlei minderwertigen Waren zu beliefern. Die Negersklaven, die in kleinen Schiffen ärger als Vieh zusammengepfercht und aneinandergekettet waren, sowie von der Mannschaft aufs grausamste mißhandelt wurden, standen bei der Überquerung des Ozeans die entsetzlichsten Qualen aus. Die Unglückseligen wurden auf Menschenmärkten gehandelt und dabei kam es oft zu dramatischen Szenen. Ihren weißen Käufern waren sie gnadenlos ausgeliefert«.
(Aus: Isabell Agnet: Der Sklavenhandel, Minerva Verlag, Genf 1971)

Viele Sklaven nahmen in Amerika die Religion des Christentums an. Diese Religion entsprach den Negern aus zweierlei Gründen:

1. Das Christentum verspricht ein Leben nach dem Tode, das für das Leiden auf Erden entschädigen soll,

2. die Neger sahen viele Gemeinsamkeiten zwischen ihrem Schicksal und dem der alttestamentarischen Juden, die nach Ägypten verschleppt worden waren.

Diese beiden Punkte finden wir in den meisten geistlichen Liedern der Sklaven wieder. Die Lieder – sie werden Spirituals genannt – werden auch heute noch oft von den Schwarzen in den USA gesungen. Dies liegt wohl auch daran, daß die Neger zwar gesetzlich die gleichen Rechte haben wie die weiße Bevölkerung, diese Gesetze über die Gleichberechtigung der Neger aber immer wieder von vielen Weißen, vor allem in den Südstaaten, durchbrochen werden.

9.9.1 Swing low, sweet chariot H 82

Die Melodie dieses Liedes stammt in ihren Grundzügen noch aus Westafrika, wo auch die Sage von dem Wagen, der den Menschen abholt und in den Himmel fährt, bekannt ist. Deshalb ist dieses Lied deutlich als eine Mischung afrikanischer Kultur mit der christlichen Religion zu erkennen. Einige Schriftsteller nehmen an, daß mit dem Fluß Jordan hier eigentlich der Missisippi gemeint ist, der die amerikanischen Südstaaten von den Nordstaaten, in denen es keine Sklavenwirtschaft gab, trennt.
Beim Singen können alle Teile rhythmisch frei gesungen werden, nur »coming for to carry me home« wird stets gleichmäßig im selben Rhythmus vorgetragen, und zwar ursprünglich immer von einer Gruppe im Wechsel mit einem Einzelsänger. Beim Hörbeispiel handelt es sich um eine Konzertfassung.

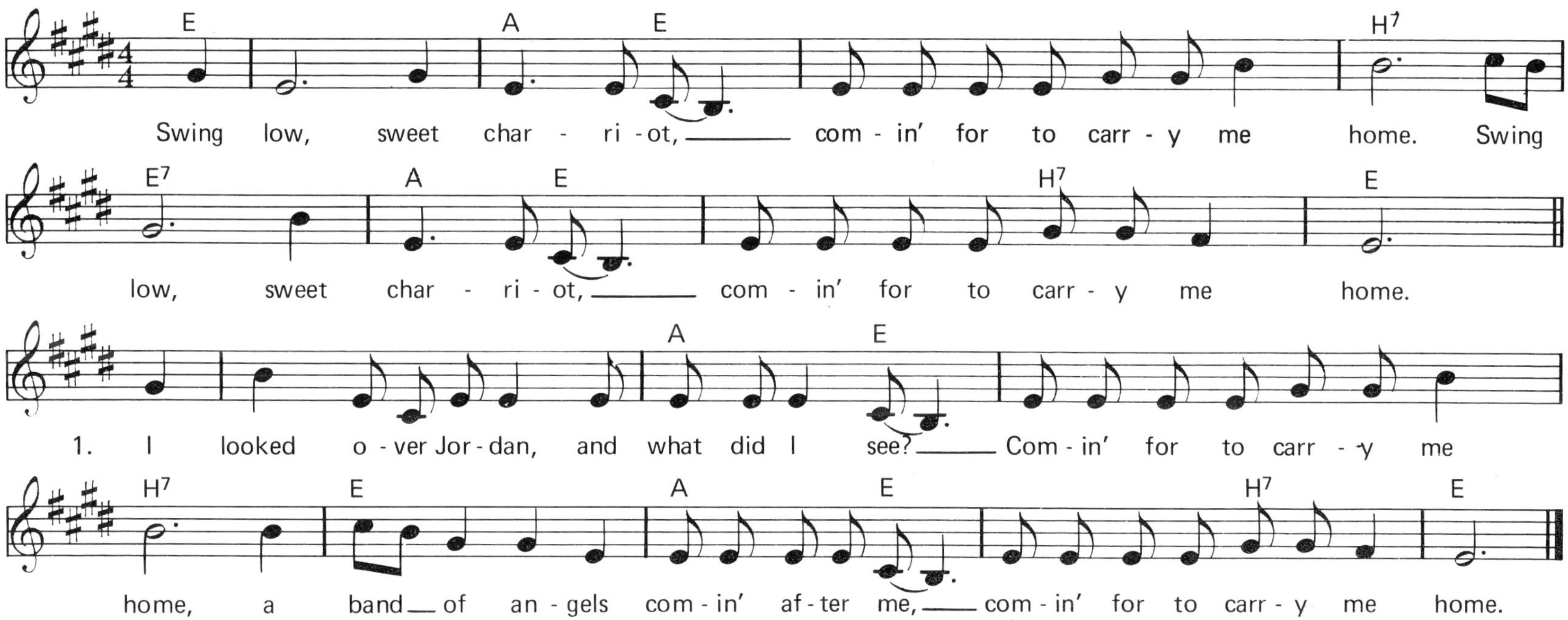

2. If you get there before I do, comin' ...,
tell all my friends I'm comin' too, comin' ...

3. The brightest day that ever I saw,
comin' ...,
when Jesus washed my sins away,
comin' ...

4. I'm sometimes up and sometimes down,
comin' ...,
but still my soul feels heavenly bound,
comin' ...

9.9.2 When the Saints go marching in H 83

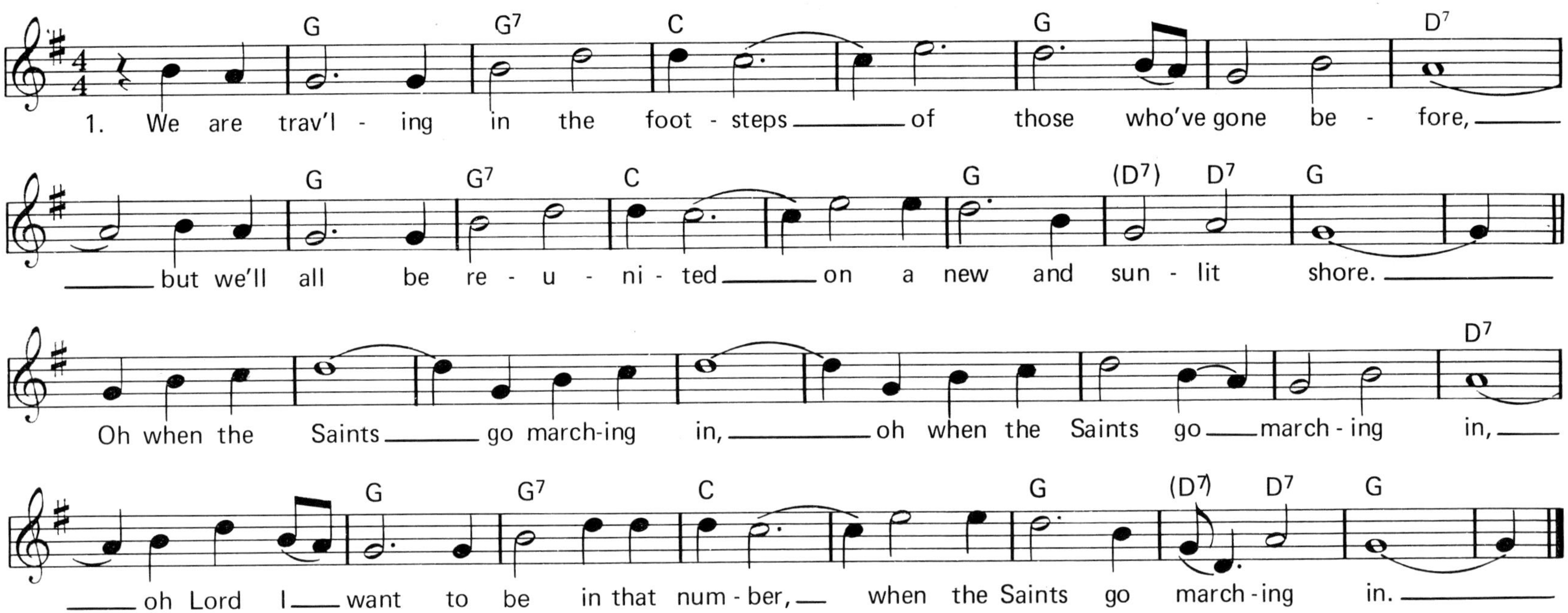

TO BE SOLD on board the Ship *Bance-Yland*, on tuesday the 6th of *May* next, at *Ashley-Ferry*; a choice cargo of about 250 fine healthy

NEGROES,

just arrived from the Windward & Rice Coast. —The utmost care has already been taken, and shall be continued, to keep them free from the least danger of being infected with the SMALL-POX, no boat having been on board, and all other communication with people from *Charles-Town* prevented.

Austin, Laurens, & Appleby.

N. B. Full one Half of the above Negroes have had the SMALL-POX in their own Country.

2. Some say this world of trouble
is the only one we need,
but I'm waiting for that morning
when the new world is revealed.
And when the sun begins to shine,
and when the sun begins to shine,
oh Lord, I want to be in that number,
when the sun begins to shine.
Oh when the trumpet sounds a call,
oh when the trumpet sounds a call,
oh Lord, I want to be in that number,
when the trumpet sounds a call.
Oh when the new world is revealed,
oh when the new world is revealed, oh Lord,
I want to be in that number,
when the new world is revealed.

(Aus: Folk Sing. Essex Musikvertrieb GmbH, Köln)

Wenn die Heiligen einmarschieren, oh Gott, da will ich dabei sein!

In welcher Strophe wird deutlich, was mit dem Einmarsch der Heiligen gemeint ist?

Welche anderen Bilder werden dafür noch benutzt?

9.9.3 Before I'd be a slave H 58

Das Lied drückt aus, wie die Sklaven ihre Freiheit herbeisehnten und sei es, daß sie durch den Tod von der Sklaverei gerettet werden. In den Versen wird davon geträumt, wie schön nach dieser Befreiung alles sein würde.

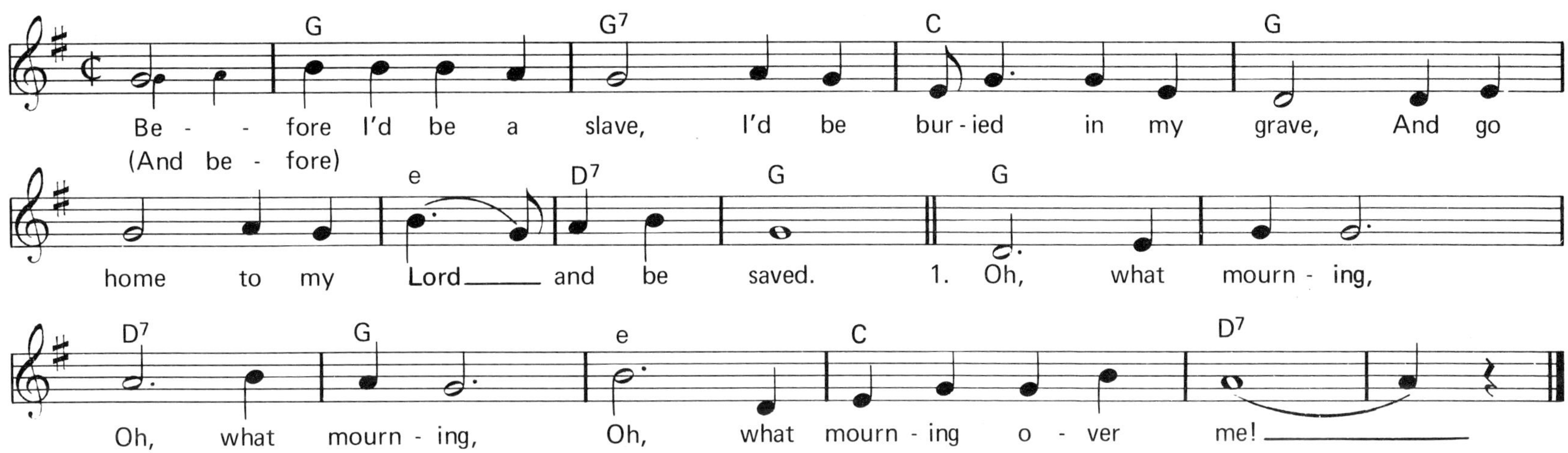

2. Oh, what preaching
Oh, what preaching ...
3. Oh, what singing,
Oh, what singing ...
4. Oh, what sighing,
Oh, what sighing ...
5. Oh, what shouting,
Oh, what shouting ...

(Aus: Folk Sing. Essex Musikvertrieb GmbH, Köln)

Lieder, wie die auf den S. 110 und 111 abgedruckten, werden von den Negern zum Beispiel bei Beerdigungen auch heute noch gesungen.

9.10 Lieder über die Jahreszeiten

Früher hatten die Jahreszeiten und ihr Wechsel eine viel größere Bedeutung für den Menschen als heute. Das gesamte menschliche Leben war davon abhängig, was die Natur dem Menschen gab oder nahm.

Überlegt, wieweit dies auch heute noch zutrifft!

Welcher Wirtschaftszweig ist heute am meisten von den Wetterbedingungen abhängig?

Dementsprechend entstanden viele Lieder, die Jahreszeiten oder ihren Wechsel besangen. Am meisten wird dabei der Frühling besungen.

Welche Bedeutung hatte der Frühling noch vor hundert Jahren für das Leben der Menschen?

9.10.1 Der Winter ist vorüber H 84

2. Wir woll'n den Frühling finden
dort in der grünen Au
und bunte Kränze winden
aus Blumen gelb und blau.
Wir wollen auf den Wiesen
uns froh im Reigen dreh'n,
mit Jauchzen ihn begrüßen:
O Mai, wie bist du schön!

Dieses Lied stammt aus dem 16. Jahrhundert!

Wie mögen damals die Menschen im Winter gelebt haben?

9.10.2 Altes Lied wird neu

2. Die Bäurin, die Mägde, sie dürfen nicht ruhn;
sie haben im Haus und im Garten zu tun:
sie graben und rechen und singen ein Lied.
sie freun sich, wenn alles schön grünet und blüht.
3. So geht unter Arbeit das Frühjahr vorbei,
da erntet der Bauer das duftende Heu;
er mäht das Getreide, dann drischt er es aus;
im Winter, da gibt es manch fröhlichen Schmaus.

Es gibt viele schöne alte Lieder, deren Text nicht mehr in unsere Zeit paßt.

Lest den Text des Liedes »Im Märzen der Bauer« durch und überlegt, welche Textstellen der heutigen Landwirtschaft nicht mehr entsprechen. A 39

Fredrik Vahle hat versucht, einen neuen Text zur selben Melodie zu schreiben, der den heutigen Verhältnissen auf dem Lande näher kommt.

Hört Euch diese neue Fassung an.
Vergleicht die beiden Texte und diskutiert darüber. H 85

Warum ist der Bauer sauer?

Im Märzen der Bauer den Traktor abschmiert.
Der Bauer ist sauer,
wenn er ausgenutzt wird.
Der Traktor, der ist nützlich,
und der Traktor, der ist stark,
doch kostet das Stahlvieh
fast achtzehntausend Mark.

Im Juli ist's heiß und der Bauer hat Sorgen.
Er muß sich vom Nachbarn den Mähdrescher borgen.
Der kostet viel Geld,
doch der schafft auch was weg.
Die Säcke mit Weizen
sind prall Stück für Stück.

Im August, da ist Kirmes,
und der Bauer ist froh,
und er ruft beim achten Bier aus vollem Hals: Holldrio!
Und er schunkelt, knackt ne Bratwurst,
und wie ist das Leben schön.
So ein Tag, so schön wie heute,
dürfte nie vorübergehn.

Im September will der Bauer sein Korn gut verkaufen.
Doch er kriegt dafür wenig,
und er fängt an zu schnaufen:
Da schafft man und macht man,
am End steht man da,
hat kein Geld für die Maschinen,
das quält einen fürwahr.

Im November guckt der Bauer in den Nebel
und ist bang.
Geht jetzt auch in die Fabrik,
damit er mithalten kann.
Und er rackert tags am Fließband,
abends fährt er Mist und Schutt.
Und er ist nach soviel Arbeit
nichts als müde und kaputt.

Im Dezember, wenn's schneit, hat der Bauer mal Ruh,
dann schaut er seinen Kindern beim Lesenlernen zu
Doch was sieht er da im Lesebuch?
Das ist doch allerhand!
Sieht, wie bunt, gesund und angenehm
die Landwirtschaft sein kann.

(Aus: Knauf/Vahle, Die Rübe. Weltkreis Verlag, Dortmund)

9.10.3 Nun will der Lenz uns grüßen H 86

2. Waldvöglein Lieder singen,
wie ihr sie nur begehrt,
drum auf zum frohen Springen,
die Reis' ist Goldes wert!
Hei, unter grünen Linden,
da leuchten weiße Kleid'!
Heja, nun hat uns Kinden
ein End' all Wintersleid.

(Worte: Neidhardt von Reuenthal. Weise: Altes Reigenlied. Satz: Walter Rein. Aus: Fritz Jöde, Der Musikant. Möseler Verlag, Wolfenbüttel)

Der Text dieses Liedes geht bis ins 13. Jahrhundert zurück, die Melodie ist als alte Melodie zum Reigen bekannt.

Der zweistimmige Satz wurde von Walter Rein Anfang dieses Jahrhunderts geschrieben.

9.10.4 Der Winter ist vorüber H 87

2. Las sù per le montagne la neve con c'è piu comincia a fare il nido, il povero cucù,
: cucù cucù la neve con c'è
più comincia a fare il nido il povero cucù. :
3. La bella alla finestra la guarda in su e in giù aspetta il fidanzato al canto del cucù,
: cucù, cucù, la guarda in su e in
giu aspetta il fidanzato al canto del cucù. :
4. Te l'ho pur sempre detto che maggio ha la virtu di far sentire l'amore al canto del cucù,
: cucù, cucù, che maggio ha la virtu
di far sentire l'amore al canto del cucù. :

2. Da droben im Gebirge
ist aller Schnee zertaut,
der alte Schelm, der Kuckuck.
schaut, wo ein Nest gebaut.
3. Die Schöne hinterm Fenster
schaut sich die Augen aus
und hofft, daß ihr der Kuckuck
den Liebsten bringt nach Haus.
4. Der Mai, der liebe Maien,
das ist die beste Zeit,
er läßt die Liebe blühen,
sobald der Kuckuck schreit.

(Textübertragung: 1. – 3. Strophe Hans Baumann. Weise aus der italienischen Schweiz. Aus: Gottfried Wolters, Das singende Jahr. Möseler Verlag, Wolfenbüttel)

9.11 Gebrauchslieder

Als Gebrauchslieder bezeichnet man Lieder, die nur für einen bestimmten Zweck gemacht oder geeignet sind. Dabei kann es sich um ein Lied zur Gratulation handeln oder ein Lied, mit dem jemand verspottet wird. Es kann sich aber auch um ein Trinklied oder einen Rundgesang handeln.
Wichtig für das Gebrauchslied ist, daß es möglichst viele der Beteiligten kennen und mitsingen können.

9.11.1 So ein Tag

Ein Beispiel dafür, wie aus einem Schlager ein Gebrauchslied werden kann, das den Schlager selbst überdauert, ist dieses Lied. Das Lied entstand 1954 und war damals ein sehr populärer Schlager. Als Gebrauchslied blieben von dem ganzen Schlager nur sieben Takte übrig, die noch heute überall, wo Stimmung ist, gesungen werden. Bei großen Sportveranstaltungen – vor allem bei Fußballspielen – wird das Lied gesungen, wenn die Heimmannschaft siegt.

Betrachtet das Notenbild und stellt fest, wieviel Takte Vers und Refrain haben! A 40

Stellt fest, aus wieviel Teilen der Refrain besteht und um wieviel verschiedene Teile es sich dabei handelt!

Wie oft wiederholt sich der wichtigste Teil des Refrains, wenn das Lied viermal hintereinander gesungen wird?

Versucht zusammenfassend zu begründen, weshalb sich dieser Teil des Liedes so gut eingeprägt hat!

(Text: Walter Rothenburg. Melodie: Lotar Olias. Tempoton-Verlag Hans Sikorski, Hamburg 1954)

9.11.2 Happy birthday

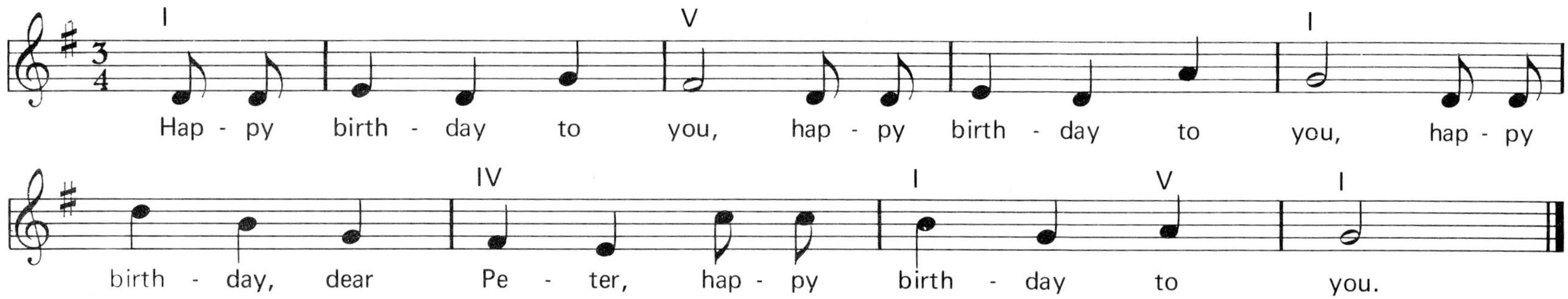

Überall auf der Erde ertönt bei Geburtstagen das Lied Happy Birthday; kein anderes Geburtstagslied konnte ihm den Rang streitig machen. Kurz und melodisch einfach ist es typisch für ein Gebrauchslied, das nur seinen Zweck, in diesem Fall die Gratulation, erfüllen soll.

Die Melodie des Liedes bewegt sich fast immer innerhalb der drei Grunddreiklänge von G-Dur.
Die Töne dieser Grunddreiklänge innerhalb der fünf Notenlinien sind:

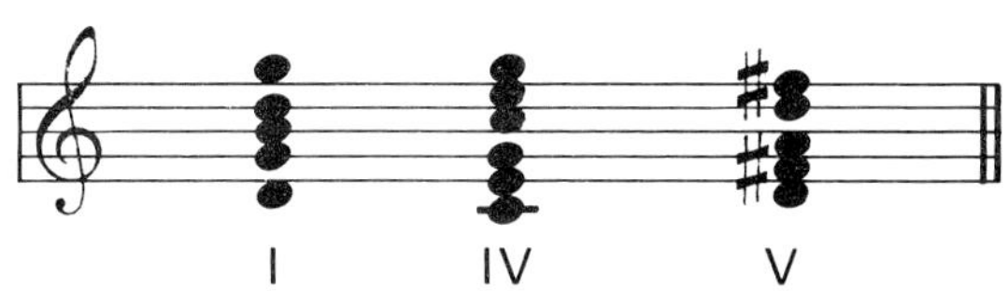

Stellt fest, an welchen Stellen die Melodietöne nicht in den Grunddreiklängen enthalten sind!

9.11.3 A jolly good fellow

In England und Nordamerika wird dieses Lied häufig gesungen, um eine Person hochleben zu lassen.

Übersetzt heißt der Text:
»Denn er ist ein lustiger und guter Kerl, das kann keiner leugnen«.

9.12 Der Kanon

Als Kanon bezeichnet man ein Lied, bei dem verschiedene Sänger oder Sängergruppen nacheinander dasselbe Lied beginnen können, ohne daß sich die Melodie der verschiedenen Sänger unterscheidet. Obwohl alle Sänger dieselbe Melodie singen, wird durch den zeitlich versetzten Einsatz der Stimmen aus dem einstimmigen Lied ein mehrstimmiges. Der Kanon ist also eine einfache Form der Erzielung von Mehrstimmigkeit.

Ihr habt sicher in der Grundschule schon Kanons gesungen. Stellt fest, welche Kanons das waren und wie sie Euch gefallen haben. Vielleicht habt Ihr Lust, den einen oder anderen dieser Kanons zu wiederholen?

9.12.1 Hejo, spann den Wagen an H 88

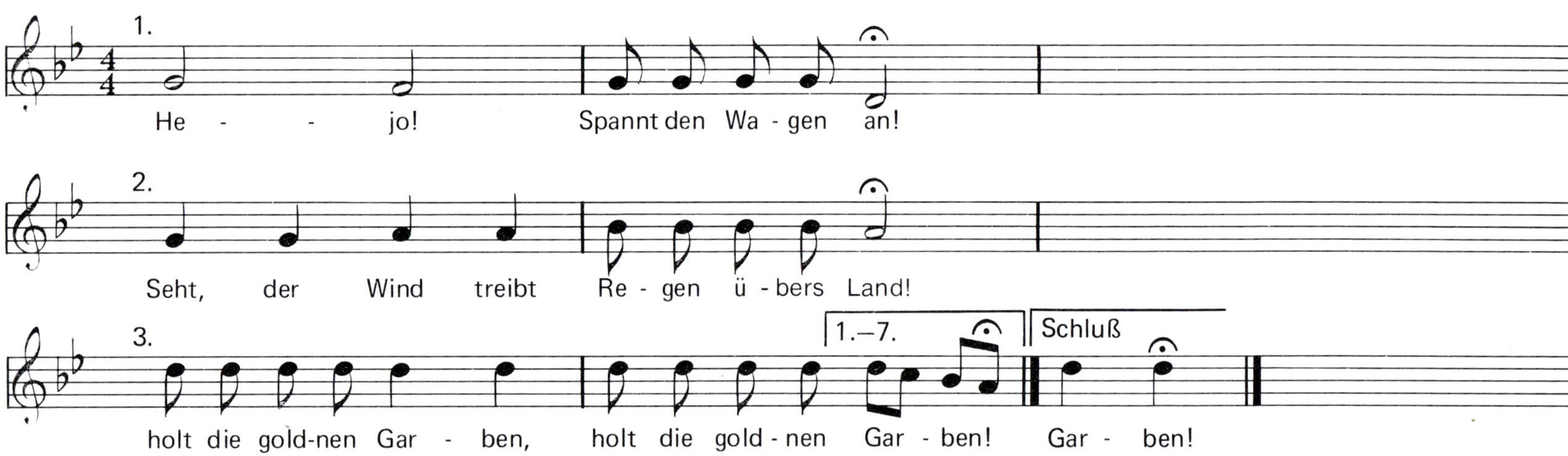

Dieser mündlich überlieferte Kanon besingt ein uraltes Problem der Landwirtschaft: Die Ernte muß vor dem Regen eingebracht werden.

Stellt fest, wie viele verschiedene Töne die Melodie dieses Liedes beinhaltet!
Übertragt die drei Notenzeilen auf eine Notenzeile. Stellt fest, welche Töne jeweils zusammenklingen und hört Euch diesen Klang auf einem Instrument (Klavier, Stabspiel) an. Sprecht über den Eindruck, den diese Klänge auf Euch machen!

Singt den Kanon auch zum Hörbeispiel (H 89), das nur die Begleitung enthält.

9.12.2 Bona Nox

W. A. Mozart hat sehr viele Kanons getextet und komponiert. Der Kanon war zu seiner Zeit ein beliebtes Gesellschaftsspiel, an dem sich alle beteiligten. Die Texte von Mozarts Kanons klingen für unsere heutigen Verhältnisse meist nicht ganz »stubenrein«, was manche Verfasser von Liederbüchern dazu veranlaßte, den Originaltext zu verändern. Wenn man jedoch weiß, daß diese Texte zur damaligen Zeit völlig selbstverständlich und in keiner Weise anstößig waren, so erhält man durch sie kein falsches Bild von Mozart. Der derbe Gute-Nacht-Wunsch, der in dem Lied Bona Nox enthalten ist, scheint in der Salzburger Gegend damals verbreitet gewesen zu sein. Wir finden ihn schon im September 1777 in einem Brief von Mozarts Mutter, und auch Wolfgang Amadeus verwendet ihn im November 1777 in einem Brief an seine Base. Im Kanon Bona Nox erinnert sich Mozart 1788 offensichtlich wieder an diesen Spruch.

Vergleicht den Originaltext mit dem veränderten Text, wie er in den meisten Schulbüchern zu finden ist.

Entscheidet selbst, welchen Text Ihr lieber singen wollt.

Veränderter Text:
Bona nox, bist a rechter Ochs;
bona notte, liebe Lotte,
bonne nuit, pfui, pfui,
good night, good night,
heut muß ma no weit;
gute Nacht, gute Nacht, s'wird höchste Zeit,
gute Nacht!
Schlaf fei g'sund und bleib recht kugelrund!

(Aus: Liedermagazin. Bärenreiter Verlag, Kassel)

9.13 Lieder zum Tanz

Solange es weder Musikbox noch Diskotheken gab, mußte man sich die Musik zum Tanzen selbst machen. Fast jedes Dorf hatte Musikanten, die zum Tanz aufspielen konnten, und waren einmal keine Musikanten da, sang man ein Lied und tanzte dazu. In einigen Kulturkreisen (vgl. Bild rechts) ist das auch heute noch so.

9.13.1 Herr Schmied H 90

2. Herr Schmied, Herr Schmied,
was kriegt die Kathi mit?
Herr Schmied, Herr Schmied,
was kriegt die Kathi mit?

Eine Kette und ein' Fingerring,
das Mädel ist ein hübsches Ding,
eine Kette und ein' Fingerring,
es ist ein hübsches Ding.

(Aus: Der junge Musikant. Bayerischer Schulbuchverlag, München 1950)

1

2

2. Strophe:
Die ersten 8 Takte werden wie zur 1. Strophe getanzt, nur beginnt man dieses Mal mit dem linken Fuß. In den Takten 9 und 10 werden 4 Galoppschritte in Tanzrichtung getanzt, in den Takten 11 und 12 wieder 4 Galoppschritte zurück (Bild 4). In den Takten 13 – 16 wird mit 4 Hüpfern in Schulterfassung eine ganze Drehung vollzogen, bei der man sich wieder zur Seite legt.

Zu diesem verbreiteten Lied aus der Pfalz wurde der Paartanz »Der Rutscher« getanzt. Bei diesem Tanz stehen sich die Paare gegenüber, fassen sich an den Händen und bilden einen Kreis (Bild 1).

Zur 1. Strophe wird so getanzt:
Bei Takt 1–8 wird abwechselnd gehüpft. Man beginnt mit dem rechten Fuß und hüpft je einmal in den Takten 1, 2, 5, 6 und 8, je zweimal in den Takten 3, 4 und 7 (Bild 2). In den Takten 9 – 16 hüpft man in Schulterfassung (Bild 3) im Kreis und legt sich dabei zur Seite.

3

4

9.13.2 Sur le pont d' Avignon

Versucht Euch zu diesem Lied selbst Tanzschritte zu überlegen.

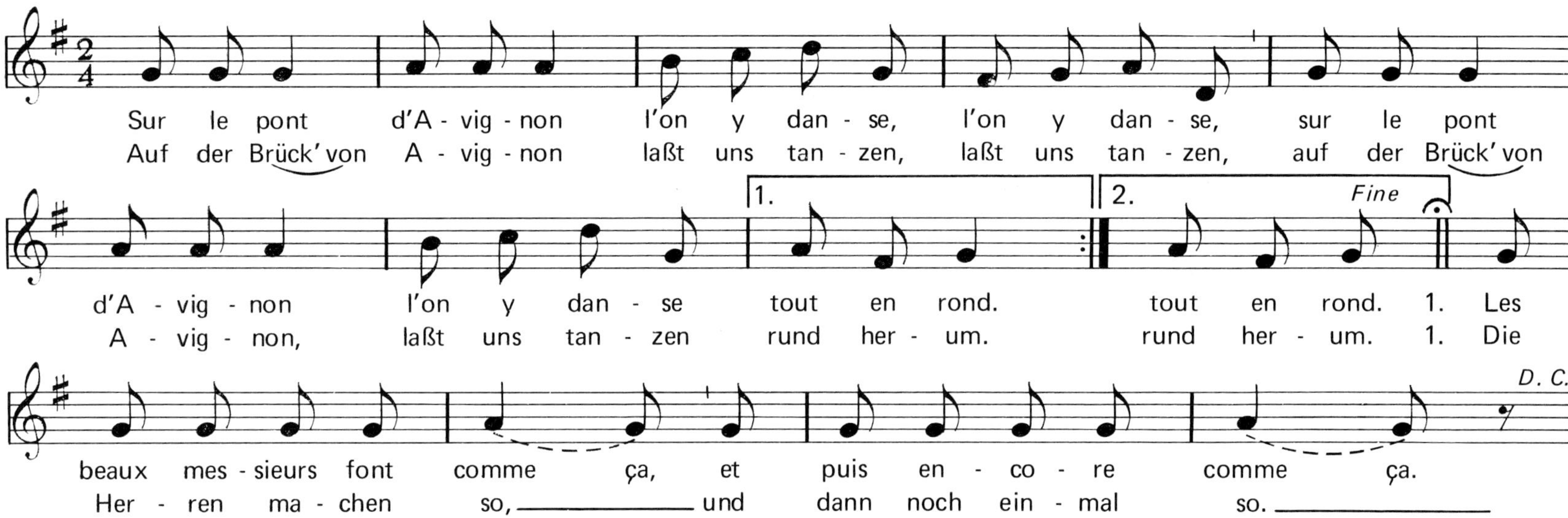

2. Les belles dames
2. Et les soldats
4. Les cordonniers

2. Die Damen
3. Soldaten
4. Die Schuster

(Textübertragung: Brigitte Bergese. Weise: Aus Frankreich. Aus: Hans Baumann, Europa im Lied, Möseler Verlag, Wolfenbüttel)

9.13.3 Zum Tanze da geht ein Mädel A41/H91

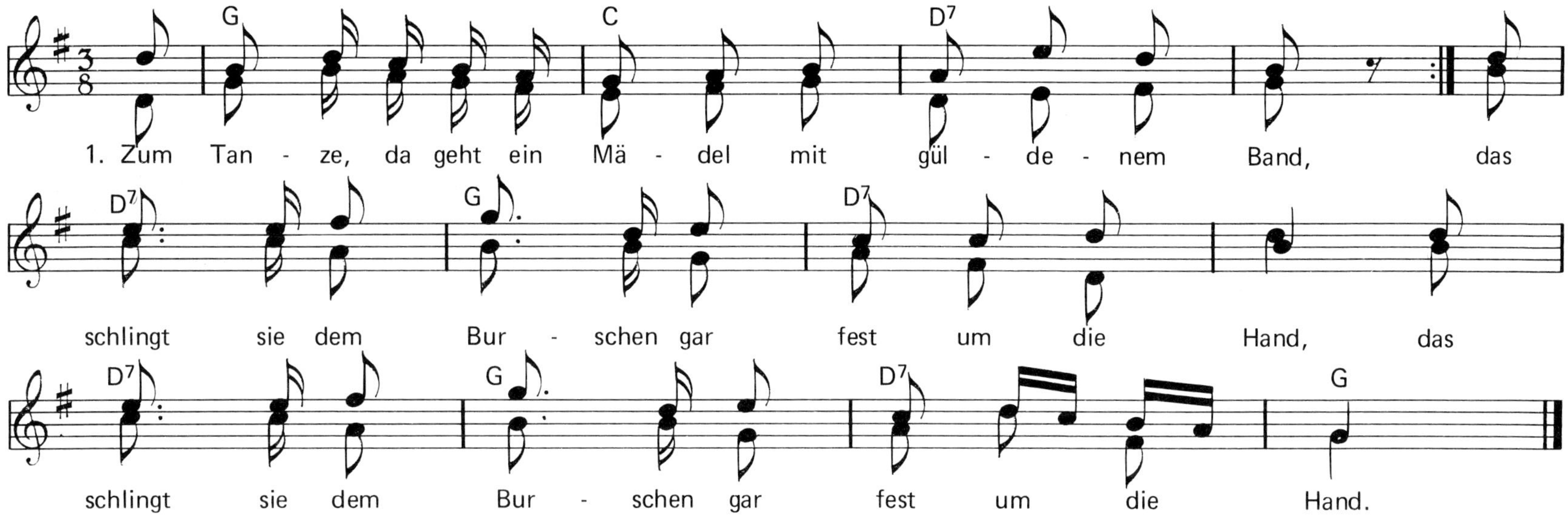

2. : »Mein herzallerliebstes Mädel,
so laß mich doch los, :
ich lauf dir gewißlich auch so nicht davon«. :
3. : Kaum löset die schöne Jungfer
das güldene Band, :
: da war in den Wald schon der Bursche
gerannt. :

Stellt fest, in welchem Abstand sich die beiden Stimmen jeweils zueinander befinden. Der untere Ton wird dabei mitgezählt, bei jeder Notenlinie und jedem Zwischenraum zählt Ihr eine Zahl weiter, bis Ihr bei der oberen Note angekommen seid. Wenn beide Stimmen den gleichen Ton singen, so muß trotzdem 1 gezählt werden, weil ja der erste Ton auch schon zählt.

Schreibt die Zahlen nacheinander auf!

Stellt fest, wie oft die einzelnen Intervalle vorkommen!

Schreibt die Intervalle in der Reihenfolge der Häufigkeit auf, in der sie im Lied vorkommen!

Hört Euch die verschiedenen Intervalle an und stellt selbst eine Rangfolge auf, welche Intervalle Eurer Meinung nach am besten klingen!

9.14 Das Kunstlied

Als Kunstlied bezeichnet man eine Art von Liedern, wie sie vor allem in Deutschland im 19. Jahrhundert komponiert wurden. Während es beim Volkslied vor allem auf die leichte Singbarkeit der Melodie ankommt, ist das Kunstlied in der Melodieführung komplizierter und deshalb schwieriger zu singen.

Das Kunstlied wird von einem einzelnen Sänger mit Instrumentalbegleitung vorgetragen. Das Klavier ist dabei das bevorzugte Begleitinstrument.

Anders als beim Volkslied ist die Begleitung beim Kunstlied vom Komponisten genau festgelegt. Sie ist sehr wichtig, da sie meist nicht nur den Hintergrund für den Gesang darstellt, sondern eigene musikalische Aufgaben übernimmt.

In seiner Entstehungszeit wurde das Kunstlied in kleinem geselligen Kreis vorgetragen, heute ist es vor allem im Konzertsaal zu hören.

Der wichtigste Komponist von Kunstliedern war Franz Schubert, der von 1797–1828 in Wien lebte. Als er im Alter von 31 Jahren starb, hatte er über 500 Lieder komponiert.

Melodie und Begleitung müssen beim Kunstlied nicht bei jeder Strophe gleich sein. Lieder, bei denen die einzelnen Strophen unterschiedlich vertont wurden, nennt man »durchkomponiert«. Neben dem rein strophischen Kunstlied, bei dem zu jeder Strophe dieselbe Melodie und Begleitung gehören, und dem ganz durchkomponierten Kunstlied, bei dem zu jeder Strophe eine neue Musik gehört, gibt es auch noch viele verschiedene Mischformen zwischen diesen beiden Arten.

Hört Euch die Kunstlieder »Der Erlkönig« (H92) von Carl Loewe (1796 – 1869) und »Die Forelle« (H93) von Franz Schubert an und stellt fest, zu welcher Art von Kunstlied sie gehören.

Der Bariton Hermann Prey, am Flügel begleitet von Leonard Hokanson

9.14.1 Das Heidenröslein H94

2. Knabe sprach: »Ich breche dich,
Röslein auf der Heiden!«
Röslein sprach: »Ich steche dich,
daß du ewig denkst an mich,
und ich will's nicht leiden.«
Röslein …

3. Und der wilde Knabe brach
's Röslein auf der Heiden.
Röslein wehrte sich und stach,
half ihm doch kein Weh und Ach,
mußt' es eben leiden.
Röslein …

Vergleicht die Melodie des Kunstliedes von Franz Schubert mit der Melodie des Volksliedes (S. 91)!

Welche wesentlichen Unterschiede könnt Ihr feststellen?

9.15 Das kleine »Orchester«

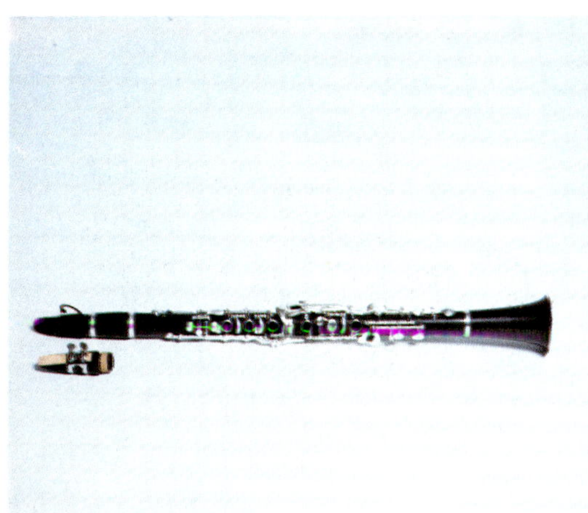

(Aus: Der junge Musikant. Bayerischer Schulbuchverlag, München 1950)

10. Musik lesen und schreiben

10.1 Die Tonhöhe

Wir empfinden Töne, die wir hören, als »hoch« oder »tief«. Woran liegt das?
Wenn die Saite einer Gitarre angeschlagen wird, so schwingt diese hin und her. Sie erzeugt dadurch Luftschwingungen, die in unser Ohr gelangen und die wir als »Ton« hören.
Wie hoch oder wie tief wir den Ton wahrnehmen, hängt davon ab, wie schnell die Luftschwingungen aufeinander folgen, also davon, wie schnell die Saite der Gitarre schwingt.
Beim Ton a schwingt die Saite z. B. 440 mal in der Sekunde.

Wenn ein höherer Ton auf derselben Saite erzeugt werden soll, so gibt es zwei Möglichkeiten:

1. Wir spannen die Saite stärker.
2. Wir verkürzen die Saite, indem wir mit einem Finger darauf drücken.

Beide Male schwingt die Saite dadurch schneller als vorher, und wir hören einen höheren Ton.

Die Höhe eines Tones im Verhältnis zu einem anderen richtig zu hören, ist im wesentlichen Konzentrations- und Übungssache. Viele Menschen können aber nicht nur sagen, ob ein Ton höher oder tiefer als ein anderer ist, sondern sie können, wenn sie einen Ton hören, sofort genau sagen, um welchen Ton es sich handelt. Ein solches Gehör nennt man »absolutes Gehör«.

Hört Euch die Hörbeispiele an und stellt fest, ob der 2. Ton höher oder tiefer als der 1. ist. **H 95/A 42**

Den Tonhöhenverlauf einer Melodie kann man graphisch darstellen.
Die Graphik erhält man dadurch, daß man die verschiedenen Tonhöhen durch Punkte, Striche oder Linien, je nachdem wie lange der Ton klingt, kennzeichnet; z. B.:

Hört Euch das Hörbeispiel an und vergleicht die Melodie mit der Graphik a)! Die Graphik enthält einen Fehler, versucht diesen Fehler zu finden! **H 96**

In welcher Reihenfolge hört Ihr die rechts dargestellten Melodieverläufe (b, c, d) von der Platte? **H 97**

Bei den nächsten Melodien sollt Ihr selbst die Zeichnungen dazu anfertigen. Ihr könnt dabei feststellen, wie gut Ihr das Verhältnis von Tönen zueinander hört. Wenn jemand das Höhenverhältnis von Tönen zueinander genau richtig hört, so spricht man von einem »relativen Gehör«. **H 98**

1. Wovon hängt es ab, wie hoch oder tief wir einen Ton hören?
2. Welche beiden Möglichkeiten gibt es, auf der Gitarre einen höheren Ton zu erzeugen?
3. Was bedeuten die Begriffe
   a) absolutes Gehör
   b) relatives Gehör

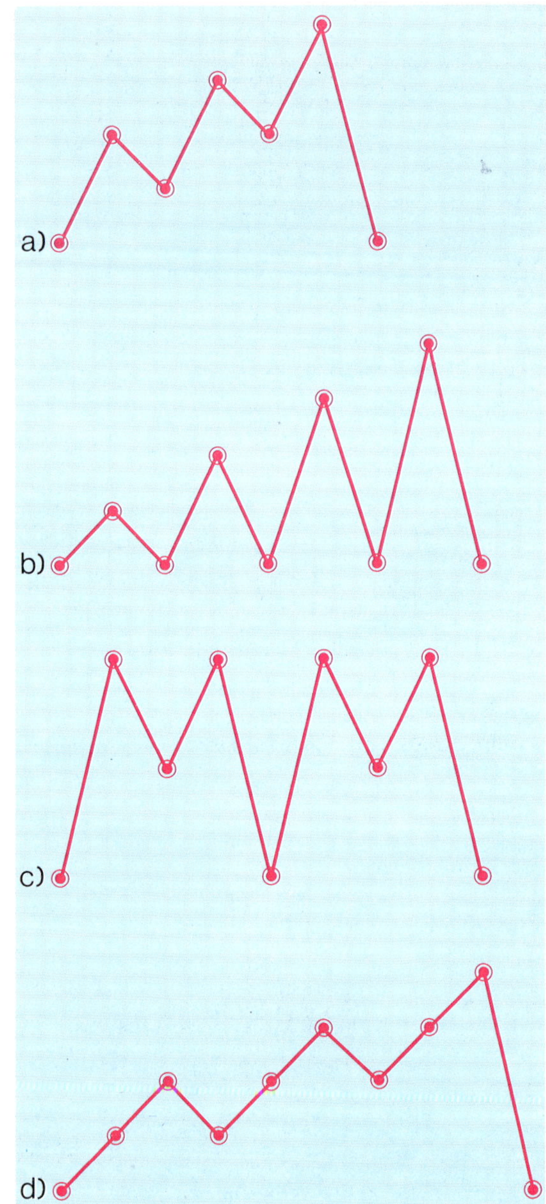

10.2 Die Notenschrift

Lange Zeit gab es für die Musiker das große Problem, einmal erfundene Musikstücke zu wiederholen, oder Musikstücke von anderen Musikanten nachzuspielen. Sie konnten sich dabei nur auf ihr Gedächtnis verlassen, und das war nicht immer besonders gut. So kam es, daß Musikstücke durch die Überlieferung immer mehr verändert und am Schluß kaum mehr etwas mit dem Anfangsstück zu tun hatten.

Singt einem Schüler eine kurze Melodie vor und laßt ihn diese leise dem nächsten vorsingen. Dieser singt sie wieder dem nächsten vor usw. Vergleicht die Melodie, die am Schluß herauskommt, mit der ursprünglichen Melodie!

Es gab damals nur eine Möglichkeit, diesem Zustand ein Ende zu machen: Man mußte eine Schrift für die Musik erfinden, so, wie es die Buchstaben für die Sprache waren.
Eine Schrift für die Musik mußte aber komplizierter als die für die Sprache sein, denn auch Tonhöhen und Tonlängen mußten von der Schrift erfaßt werden. Man erfand diese Schrift nicht auf einmal, sondern erst im Laufe der Zeit entstand unsere heutige Notenschrift.

Die wichtigsten Schritte in dieser Entwicklung:
Die erste Art von Notenschrift begegnet uns im 9. Jahrhundert, also vor etwa 1000 Jahren. Sie bestand aus Zeichen, die man »Neumen« nannte. Diese Schrift war eigentlich nur eine Art Gedächtnishilfe. Wenn man das Musikstück nicht schon einmal gehört hatte, konnte man danach nicht singen. Auch hatte fast jedes europäische Land

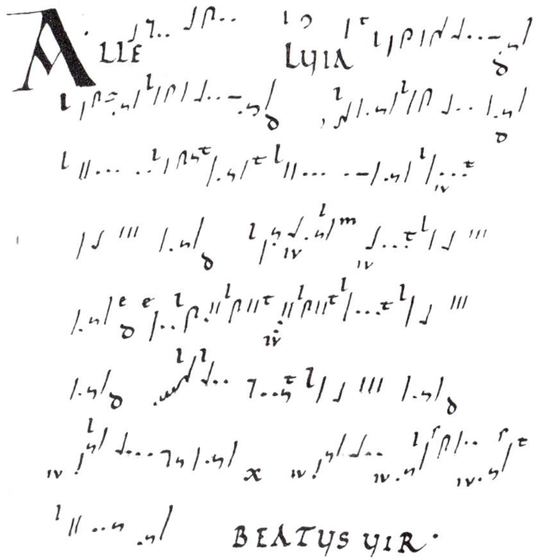

Beispiele für die erste Notenschrift, die aus »Neumen« genannten Zeichen bestand.

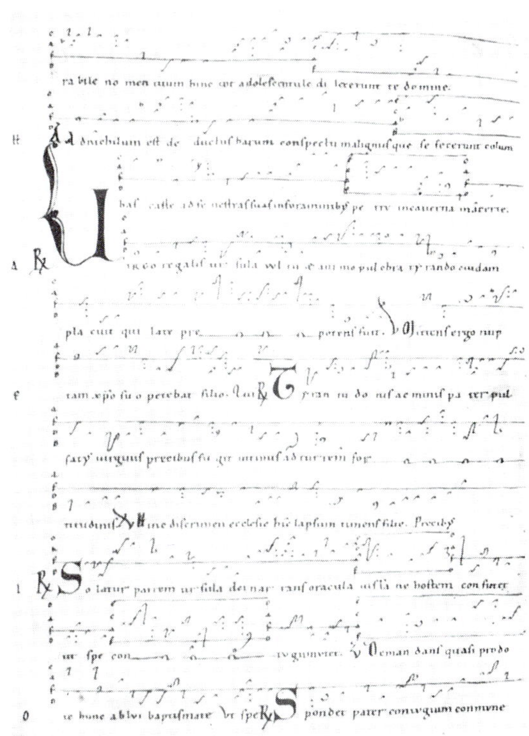

andere Neumen, so daß sich mit dieser Schrift Lieder noch nicht verbreiten konnten. Wir würden diese Neumen heute eher für Chinesisch als für eine Notenschrift halten. Die Zeichen hatten jeweils eine besondere Bedeutung. Eins bedeutet zum Beispiel ein Beben in der Stimme, ein anderes bedeutet zwei Töne höher in der damaligen Tonleiter, usw. Die Neumen standen damals einfach über dem Text, etwas später benutzte man eine Linie, und die Entfernung des Zeichens von der Linie gab die ungefähre Tonhöhe an.
Erst ungefähr im 14. Jahrhundert findet sich erstmals eine Notenschrift, die schon die Anfänge unserer heutigen Notenschrift erkennen läßt: Die Neumen sind auf fünf Linien verteilt. Man konnte jetzt die Tonhöhe wesentlich besser erkennen.

Notenhandschrift von Ludwig van Beethoven

Im 15. Jahrhundert werden in dieser »Mensuralnotation« die Neumen durch Notenzeichen ersetzt, deren verschiedene Form und Ausfüllung auch schon in etwa die Tonlängen angeben. Von da an war es nur noch ein kleiner Schritt zu der Notenschrift, wie wir sie heute benutzen, und wie sie auch schon von Beethoven benutzt wurde.

Wie »funktioniert« die Notenschrift? **A 43**

Auf jeder der fünf Linien und zwischen den Linien liegt jeweils ein Ton:

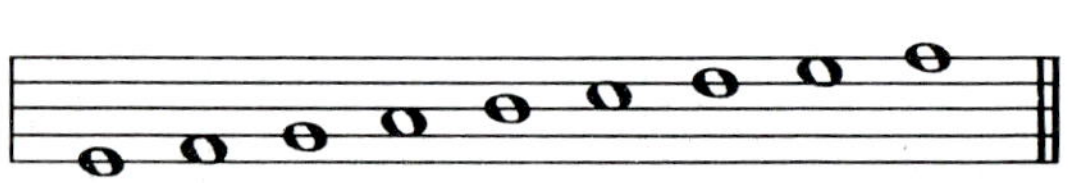

Welche Note ist aber jetzt welcher Ton? Diese Antwort läßt sich nicht eindeutig geben, denn das hängt von dem »Schlüssel« ab, der vor den Noten steht.
Am häufigsten benutzt wird der G-Schlüssel, auch Violinschlüssel genannt, weil er sich für den Tonumfang der Geige am besten eignet. Dieser Schlüssel gibt an, wo das G zu finden ist.

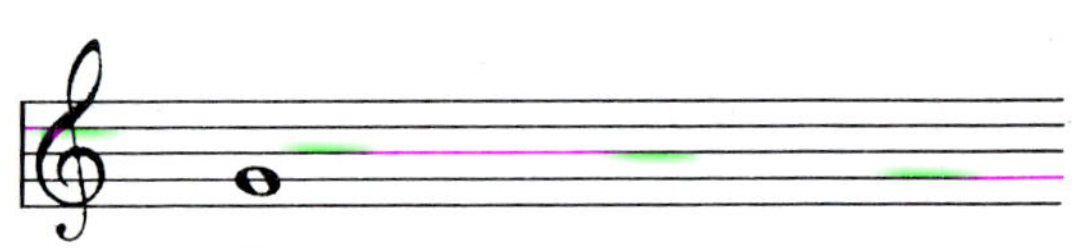

Es gibt auch noch verschiedene andere Schlüssel, die jeweils angeben, wo ein Ton zu finden ist. Die Lage der anderen Töne muß sich der Musiker dann jeweils selbst suchen.
Um sich die Lage der anderen Töne suchen zu können, muß man allerdings wissen, in welcher Reihenfolge die Töne aufeinanderfolgen:

a h c d e f g

Also mit Ausnahme des h ganz einfach der Anfang des Alphabetes. Nach dem g geht es wieder von vorne los, weil das menschliche Ohr Töne in einem bestimmten Abstand hört, als wären sie gleich, nur höher oder tiefer.
Wer es genau wissen will: Wenn sich die Schwingungszahl eines Tones verdoppelt, so erkennen wir ihn als gleichen Ton, nur höher. Die verschiedenen a-Töne haben also zum Beispiel die Schwingungszahlen 110, 220, 440, 880, 1760, 3520 Herz.
Wenn wir den G-Schlüssel verwenden, haben wir folgende Lage der einzelnen Töne:

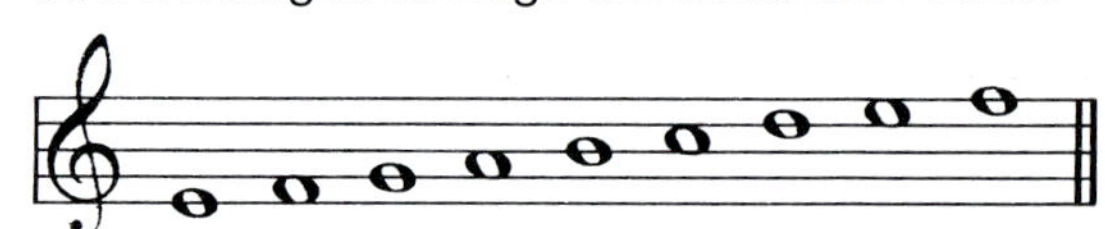

Man sieht, daß hier zwei Notenbezeichnungen zweimal vorkommen: e und f. Damit der Musiker auch weiß, welches f gemeint ist, mußte man noch Zusatzbezeichnungen zu den Notennamen erfinden. Man unterschied die gleichen Töne in den verschiedenen Tonhöhen durch kleine oder große Buchstaben, sowie zusätzliche kleine Striche. Oft werden statt der Striche auch die entsprechenden Zahlen dazugeschrieben.

Vergleicht dazu die Tabelle mit dem Tonumfang verschiedener Musikinstrumente (S. 44) sowie die Tastatur des Klaviers (S. 67).

Sollen Töne notiert werden, die höher oder tiefer liegen als die, die zwischen den fünf Linien liegen, so benutzt man Hilfslinien, die jeweils nur für eine Note gezeichnet werden.

Hilfslinien nach oben:

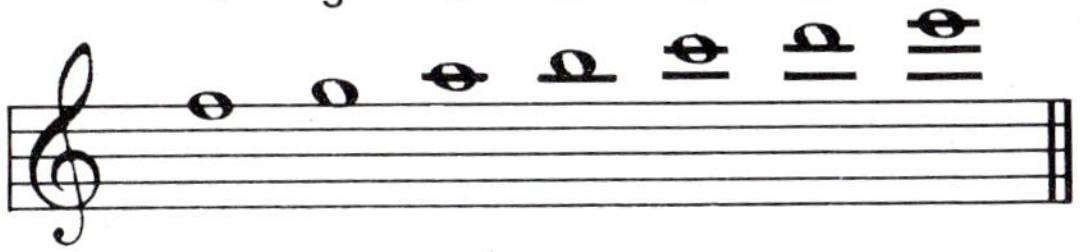

Hilfslinien nach unten:

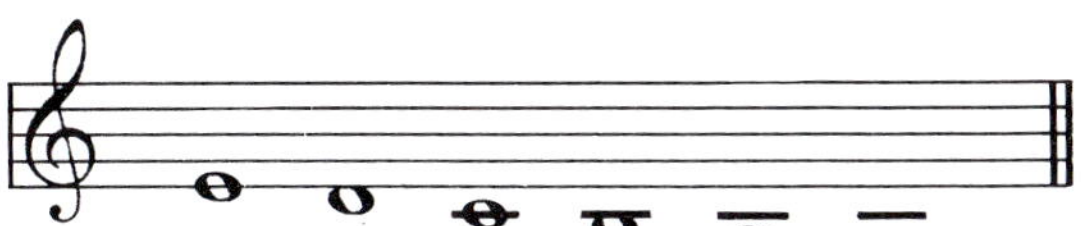

Nach dem Violinschlüssel am häufigsten wird der Baßschlüssel verwendet. Da er angibt, wo sich das F befindet, nennt man ihn auch F-Schlüssel. An dem Notenbild rechts oben ist zu erkennen, daß die Notierung im Violinschlüssel direkt an die des Baßschlüssels anschließt.

Mit Hilfe des Baßschlüssels lassen sich tiefe Töne gut notieren, er wird deshalb vor allem für die Instrumente Cello und Kontrabaß verwendet, aber auch für das Klavierspiel muß man die Notierung im Baßschlüssel lesen können, da die Noten für die linke Hand fast immer im Baßschlüssel stehen.

1. Welche Aufgabe hat die Notenschrift?
2. Wann gab es die erste Art von Notenschrift?
3. Wie hießen die ersten Notenzeichen?
4. Welche Aufgabe hat der Violinschlüssel?

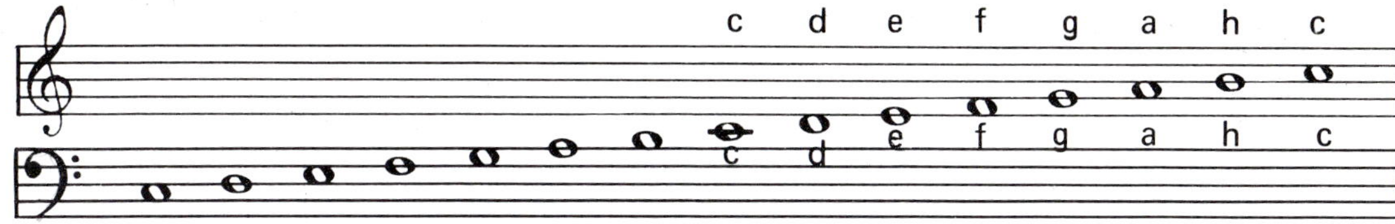

5. In welcher Reihenfolge folgen die Töne vom a aus aufeinander?
6. Schreibt auf, um welche Töne es sich bei dem Lied S. 95 handelt!

10.3 Tondauer und Pausen

Mit Hilfe der Notenlinien kann jeder Musiker die Höhe eines Tones richtig erkennen. Das genügt aber nicht. Er muß auch noch wissen, wie lange er einen Ton spielen soll, wenn er ein Stück nach Noten spielt und es noch nie gehört hat.

Man könnte zu diesem Zweck unter jede Note schreiben, wie lange sie gespielt werden soll, z.B. 1 Sekunde. In manchen Arten der modernen Musik, die nicht mehr in der herkömmlichen Notenschrift notiert werden kann, wird auch tatsächlich zu den Klangereignissen die Zeit angegeben, wie lange sie dauern sollen.

Innerhalb der Notenschrift hat man sich wieder ein System ausgedacht. Man unterteilt die Noten in ganze Noten, halbe Noten, viertel Noten, achtel Noten, sechzehntel Noten usw. und unterscheidet sie äußerlich durch leere oder ausgefüllte Notenköpfe,

Übersicht über den Zusammenhang der Notenwerte.

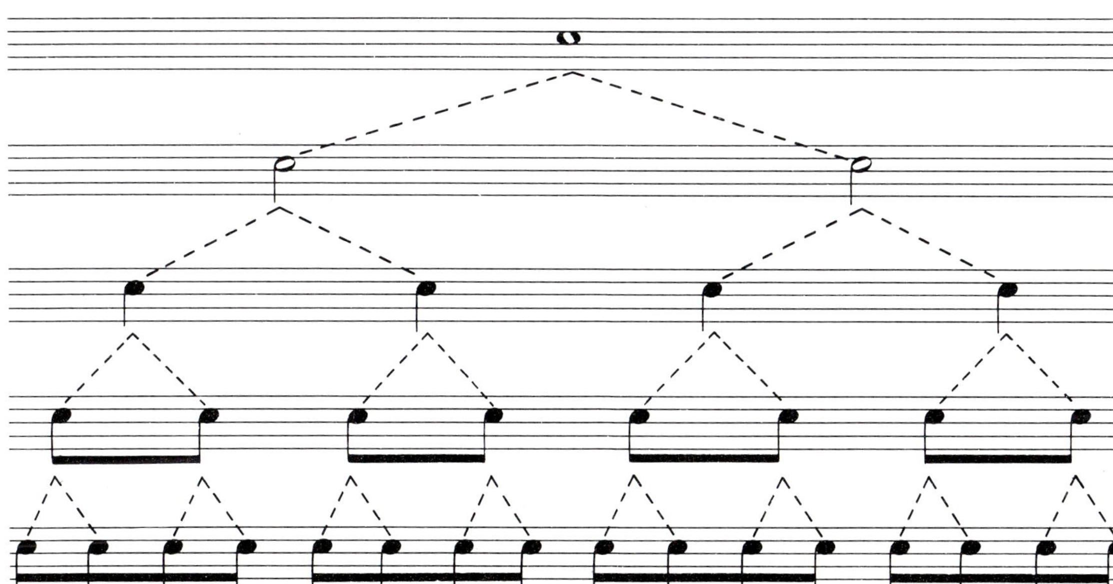

Noten mit oder ohne Hälsen, Noten mit oder ohne Fähnchen. Der Aufbau ist dabei ganz einfach zu merken:

Ganze Note	𝅝	leer und ohne Hals
Halbe Note	𝅗𝅥	leer und mit Hals
Viertel Note	♩	ausgefüllt und mit Hals
Achtel Note	♪	ausgefüllt mit Hals und einem Fähnchen
Sechzehntel Note	𝅘𝅥𝅯	ausgefüllt mit Hals und zwei Fähnchen

Überlegt selbst, wie die zweiunddreißigstel Note aussehen müßte!

Da man oft auch noch dazwischenliegende Tondauern benötigt, hat man noch einen Punkt eingeführt. Steht hinter einer Note ein Punkt, so bedeutet das, daß der Ton noch einmal um die Hälfte länger klingen soll. Eine ganze Note mit Punkt klingt also wie eine ganze Note plus eine halbe Note. Eine halbe Note mit Punkt klingt so lange wie ...?
Da in einem Musikstück ab und zu auch mal Pausen vorkommen, genügte es nicht, die Länge der zu spielenden Töne festzulegen, man mußte auch die Länge der Pausen festlegen.

Dazu bediente man sich eines ähnlichen Systems wie bei den Notenlängen.

Pausen in der Länge einer ganzen und einer halben Note:

Ganze Pause	𝄻	Der Balken hängt an der Notenlinie
Halbe Pause	𝄼	Der Balken liegt auf der Notenlinie

Die Viertelpause sieht aus wie eine schlecht gezeichnete Viertelnote.

Viertelpause 𝄽

Die achtel- und weiteren Pausen sehen aus wie schlecht geschriebene Noten derselben Länge, bei welchen man den Notenkopf vergessen hat und noch dazu die Fähnchen auf die falsche Seite gemacht hat.

Achtelpause 𝄾

Sechzehntelpause 𝄿

Bei den Pausen gibt es übrigens keinen Punkt, mit welchem man sie verlängern kann. Hier reiht man einfach die verschiedenen Pausenwerte aneinander.

1. Wodurch unterscheiden sich die verschiedenen Notenwerte?
2. Was bedeutet ein Punkt hinter einer Note?
3. Um welche Notenwerte handelt es sich bei dem Lied »Der Winter ist vergangen«?
4. Zeichnet die Pausen von der ganzen Pause bis zur sechzehntel Pause!
5. Welche Pausen sind in dem Lied »Zu Regensburg auf der Kirchturmspitz« enthalten?

10.4 Die Taktarten

An diesem Notenbeispiel ist zu sehen, daß in gewissen Abständen senkrecht zu den Notenlinien Striche gezogen sind. Solche Striche nennt man Taktstriche, zwischen zwei Strichen befindet sich jeweils ein Takt.

Zählt die Notenwerte zusammen, die sich jeweils in einem Takt befinden!

Am Anfang eines Musikstückes ist vor den Noten immer angegeben, in welcher Taktart das Stück geschrieben ist.

Schlagt den Liedteil auf und stellt fest, welche Taktarten bei den Liedern zu finden sind. **A44**

Die wichtigsten Taktarten sind der 3/4-Takt und der 4/4-Takt, es gibt aber auch noch viele andere Taktarten.

Der 3/4-Takt

Beim Hören erkennt man den 3/4-Takt an seiner Betonung. Das 1. Viertel ist betont, das 2. und 3. Viertel unbetont.

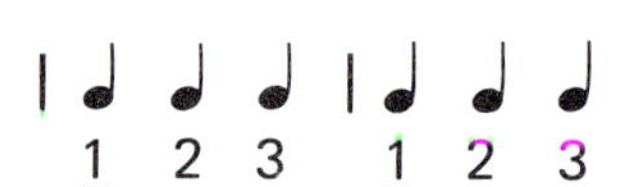

Klatscht oder klopft mehrere Takte im Dreivierteltakt.

Manchmal findet man im Dreivierteltakt auch noch eine Betonung auf dem 3. Viertel. Dann ist der 1. Taktteil stark betont, der 2. unbetont und der dritte schwach betont.

1 2 3 1 2 3

Versucht auch diese Betonung zu klopfen oder zu klatschen.

Dirigiert wird der Dreivierteltakt mit der Hand so, wie es die Zeichnung zeigt.

Beim Tanzen wird zum Dreivierteltakt meist der »Walzer« getanzt.

Der 4/4-Takt

In den Noten findet man statt der Bezeichnung 4/4 auch oft dieses Zeichen:

C

Der 4/4-Takt ist die Taktart, die weitaus am häufigsten vorkommt. Auch ihn erkennt man an seiner Betonung. Das 1. Viertel ist stark betont, das 2. unbetont, das 3. schwach betont und das 4. wieder unbetont.

1 2 3 4 1 2 3 4

In der modernen Unterhaltungsmusik findet man in den Rhythmusinstrumenten auch oft eine Betonung des 4/4-Taktes auf den Taktteilen 2 und 4. Wo der erste Taktteil eines solchen Musikstückes liegt, geht dann meist aus der Melodie hervor.

Singt den 1. Teil des Liedes »Swing low, sweet chariot«. Betont mit Schlaginstrumenten einmal die Taktteile 1 und 3, beim zweiten Mal die Taktteile 2 und 4. Sprecht darüber, welche Betonung Euch besser gefällt und welche Betonung Eurer Ansicht nach besser zu dem Lied paßt.

Dirigiert wird der 4/4-Takt so, wie es die Zeichnung zeigt.

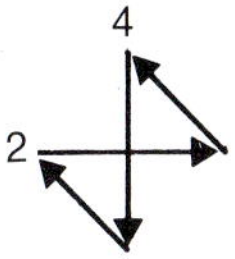

Hört Euch die Hörbeispiele an und stellt fest, in welcher Taktart sie stehen. **H 99**

Der Auftakt

Oft beginnen Musikstücke nicht mit dem ersten Schlag eines Taktes, sondern schon vorher. Die Töne, die vor dem ersten vollen Takt eines Musikstückes zu hören sind, nennt man Auftakt.
Will man ein solches Stück singen oder spielen, so fängt man nicht mit der Zählzeit 1 an, sondern mit der dem Auftakt entsprechenden Zählzeit des Taktes, den man vorausgezählt hat.

Zählen 

1 2 3 4 1 2 3 4 1 2 3 4

Sucht im Liedteil fünf Lieder mit einem Auftakt und gebt an, bei welcher Zählzeit mit dem Singen begonnen werden muß!

Meist wird der Auftakt mit dem letzten Takt zu einem vollen Takt verbunden. Hat ein Auftakt z.B. in einem 4/4-Takt eine Viertelnote, so endet der letzte Takt mit dem 3. Viertel.

1. Welche Taktarten kennt Ihr?
2. Woran kann man beim Hören eines Musikstückes erkennen, um welche Taktart es sich handelt?
3. Um welche Taktarten handelt es sich bei den folgenden Notenbeispielen?

4. Was ist ein Auftakt?

10.5 Der Rhythmus

Bei manchen Musikarten spielt der Rhythmus eine wichtige, manchmal sogar die wichtigste Rolle. Vor allem in der Popmusik hören viele Menschen eigentlich nur den Rhythmus. Ohne es zu merken, bewegen sie sich dabei oft im Rhythmus der Musik.
Ursprünglich hatte der Rhythmus in der mitteleuropäischen Musik keine große Bedeutung. In unserer Volksmusik ist die Melodie viel wichtiger als der Rhythmus. Anders in der Volksmusik anderer Kulturkreise, z.B. in Afrika, Asien und Südamerika. Dort spielt die Melodie oft dem Rhythmus gegenüber eine untergeordnete Rolle. In den Ländern dieser Kulturkreise findet

man eine Vielzahl verschiedenster Arten Trommeln und anderer Schlaginstrumente.

Hört Euch auf der Schallplatte Beispiele dieser Volksmusik an. **H 100**

In den Ländern, in denen der Rhythmus eine große Bedeutung hat, spielt auch der Tanz eine größere Rolle für die Bevölkerung als bei uns. Musik und Tanz dienen dabei meist religiösen Zwecken.

Die Art von Rhythmus, wie wir sie heute in der Popmusik auch bei uns kennen, hat einen langen Weg hinter sich, um bis zu uns zu kommen.
Sklaven, die von Afrika nach Nordamerika verschleppt worden waren, vermischten in Amerika ihre heimatlichen Rhythmen mit der europäischen Musik, die sie in Amerika kennenlernten. Das Ergebnis war die Musikart Jazz.
Rhythmen des Jazz und andere Jazzelemente wurden immer mehr in die Unterhaltungsmusik aufgenommen. Die so entstandene amerikanische Unterhaltungsmusik gelangte schließlich nach Europa, verdrängte zum Teil die europäische Unterhaltungsmusik und beeinflußte sie schließlich so, daß heute auch bei manchen deutschen Schlagern der Rhythmus wichtiger als die Melodie ist.

Hört Euch aktuelle Musikstücke an und überlegt, ob der Rhythmus für die Wirkung des Stückes wichtig ist. Versucht die Rhythmen der Stücke herauszubekommen und nachzuspielen!

Mit dem Wort Rhythmus meint man meist eine sich wiederholende Aufteilung gleicher oder verschiedener Notenwerte in der Regel verschieden stark betont. Man kann jedoch auch eine Melodie als rhythmisch bezeichnen, wenn sie deutliche Elemente eines Rhythmus enthält.

In einem 4/4-Takt gibt es z.B. viele verschiedene Möglichkeiten, die Notenwerte 1/2, 1/4 und 1/8 in einem Takt zu verwenden:

Dies sind nur die sechs einfachsten Möglichkeiten!

Spielt die vier Rhythmen auf Schlaginstrumenten, wiederholt die Takte dabei immer wieder.

Versucht die Rhythmen zu verändern, indem Ihr die vier Zählzeiten verschieden stark betont.

Spielt die vier Rhythmen auf vier verschiedenen Schlaginstrumenten gleichzeitig.

Nehmt noch weitere Schlaginstrumente dazu, die nur auf die Taktteile 1 und 3, sowie 2 und 4 spielen. Verbindet die Rhythmen 1 und 2, 3 und 4 sowie 5 und 6 zu zweitaktigen Rhythmen. Spielt auch diese Rhythmen einzeln oder gleichzeitig.

Erfindet selbst neue zweitaktige Rhythmen und spielt sie vor. Die anderen Schüler sollen herausfinden, um welche Aufteilung von Notenwerten es sich handelt.

Spiel auf einer Trommel in Ostafrika.

Je nachdem, wie stark der Rhythmus eines Musikstückes betont ist, kann man von einem weichen oder harten Rhythmus sprechen.

Hört Euch verschiedene aktuelle Musikstücke an und beurteilt den Rhythmus mit einer der folgenden Bezeichnungen:
sehr weich – weich – mittel – hart – sehr hart

1. Was bedeutet in der Musik das Wort »Rhythmus«?
2. Was ist mit der Aussage gemeint, ein Rhythmus sei »weich«?
3. Spielt die folgenden Rhythmen!

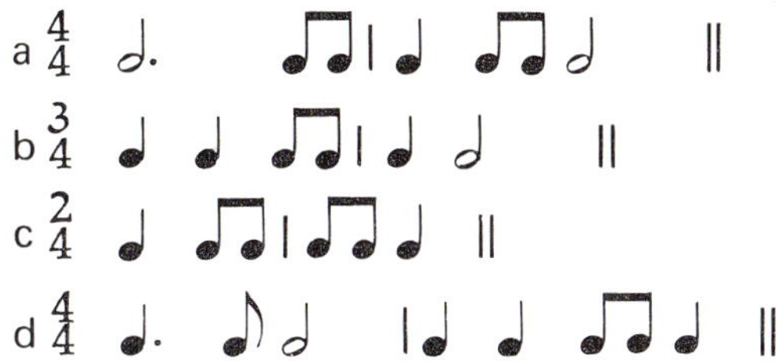

10.6 Das »Tempo«

Ein Auto kann schnell oder langsam fahren. Wir können die Geschwindigkeit am Tachometer ablesen und messen sie in km/h (Kilometer pro Stunde). Wie kann man aber bei einem Musikstück die »Geschwindigkeit« messen?

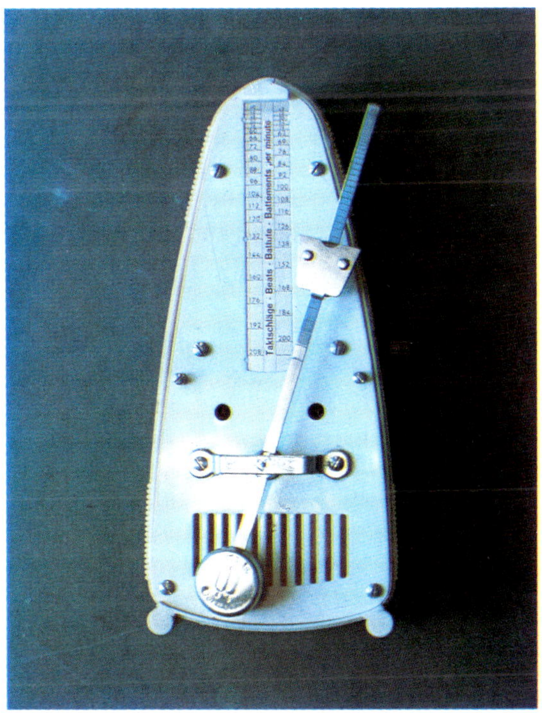

Mälzels Metronom

Der Mechaniker Johann Nepomuk Mälzel konstruierte 1816 eine Vorrichtung, mit der die Geschwindigkeit – in der Musik sagt man das »Tempo« – eines Musikstückes genau festgelegt werden kann. Diese Konstruktion heißt »Mälzels Metronom« und wird einfach MM abgekürzt.
Auf der Abbildung seht Ihr, daß es sich beim Metronom um ein Pendel handelt. Verschiebt man das Gewicht, so verändert sich die Geschwindigkeit, mit der das Pendel schwingt.
Die Zahlen zeigen an, wieviel Schwingungen das Pendel in der Minute macht.
Der Komponist braucht also nur anzugeben, daß z.B. eine Viertelnote bei seinem Stück eine Sechzigstel Minute dauern soll, dann spielt jeder im richtigen Tempo. Er muß den Metronom auf 60 stellen und auf jeden Schlag des Metronoms eine Viertelnote spielen.
Versucht einmal auf einer Trommel bei verschiedenen Geschwindigkeiten mit dem Metronom mitzuspielen. Das ist gar nicht so einfach.

Bevor Mälzel das Metronom konstruierte war es für die Musiker schwierig, das richtige Tempo eines Stückes zu finden. Die Komponisten hatten über ihre Stücke immer nur die italienischen Worte für schnell, langsam usw. geschrieben. Aber wie schnell oder wie langsam sollte der Musiker spielen?

Die auch heute noch gebräuchlichen italienischen Bezeichnungen für das Tempo sind:

Presto	sehr schnell
Allegro	schnell
Moderato	mittel (gemäßigt)
Andante	langsam (gehend)
Adagio	langsam
Largo	sehr langsam (breit)

Auf dem Metronom kann man ablesen, bei welchen Zahlen diese Tempi etwa liegen.

Stellt fest, wo auf dem Metronom die verschiedenen Tempi liegen!
Bringt zur nächsten Stunde Schallplatten mit und versucht festzustellen, welches Tempo die einzelnen Stücke haben. Dazu müßt Ihr das Metronom so lange verstellen, bis es richtig mitschlägt.

Natürlich kann innerhalb eines Musikstückes auch ein Tempowechsel stattfinden.

1. Was ist ein Metronom?
2. Wie heißen die italienischen Bezeichnungen für schnell und langsam?

10.7 Die Dynamik

Mit dem Begriff Dynamik bezeichnet man in der Musik den Lautstärkeunterschied, der innerhalb eines Musikstückes auftritt.

Für die verschiedenen Lautstärkegrade gibt es in der Musik aus dem Italienischen stammende Bezeichnungen, die von »sehr leise« bis »sehr laut« reichen.

pp pianissimo
p piano
mf mezzoforte
f forte
ff fortissimo

Weil sich die Lautstärke nicht nur plötzlich ändern kann, sondern auch allmählich, gibt es auch Bezeichnungen für lauter oder leiser werden:

crescendo: lauter werden
decrescendo: leiser werden

Spielt den folgenden Rhythmus auf einer Trommel oder einem anderen Schlaginstrument zunächst ohne die Lautstärke zu verändern. Spielt den Rhythmus anschließend unter Beachtung der Lautstärkebezeichnungen. Sprecht darüber, wie sich die Wirkung des Rhythmus verändert hat.

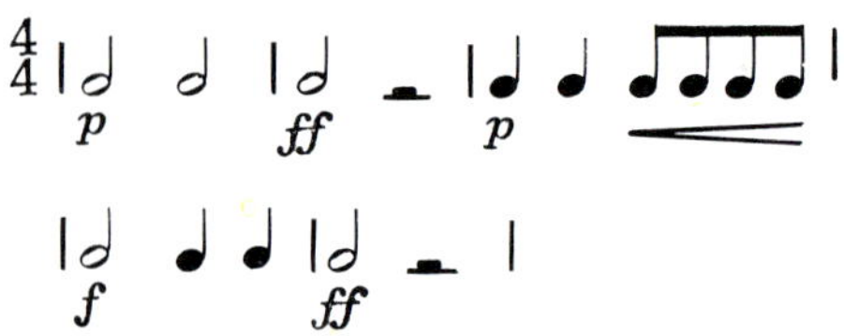

Hört Euch die Hörbeispiele an und notiert dazu die Veränderungen der Lautstärke in den oben aufgeführten Bezeichnungen.
H 101/H 102

1. Was bedeuten folgende Zeichen? a) pp b) mf c) f d) < e) >
2. Was ist mit dem Begriff Dynamik gemeint?

10.8 Die Dur-Tonleiter

In den Melodien unserer Lieder und Musikstücke steckt meist ein ganz bestimmtes Prinzip: Sie bewegen sich innerhalb einer Tonart. Zu jeder Tonart gehören bestimmte Töne, die, wenn man sie aneinanderreiht, eine Tonleiter ergeben.
Die Tonleiter beginnt immer mit dem Grundton der Tonart. In C-Dur also mit C, in G-Dur mit G usw.

Als Beispiel die C-Dur-Tonleiter:

Versucht diese Tonleiter nachzusingen!
H 103

Wenn man die C-Dur-Tonleiter am Klavier spielt oder die Tasten betrachtet, so fallen zwei Stellen auf, an welchen keine schwarzen Tasten zwischen den weißen sind:

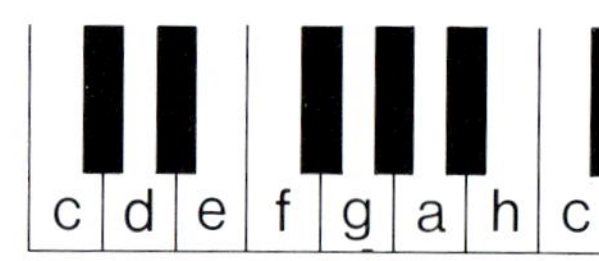

Wenn zwischen zwei weißen Tasten eine schwarze ist, so bedeutet das, daß der Abstand zwischen den beiden weißen Tasten ein Ganztonschritt ist. Der Abstand von den beiden weißen Tasten zur dazwischenliegenden schwarzen Taste ist ein Halbtonschritt.

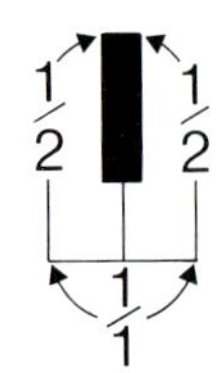

Das Klavier ist so gebaut, daß der Abstand zwischen den Tasten e und f und den Tasten h und c ein Halbtonschritt ist.
Damit ist auch das Prinzip der Dur-Tonleiter klar:
Zwischen dem 3. und 4. Ton, sowie dem 7. und 8. Ton beträgt der Abstand nur einen halben Tonschritt, bei allen anderen einen Ganztonschritt.

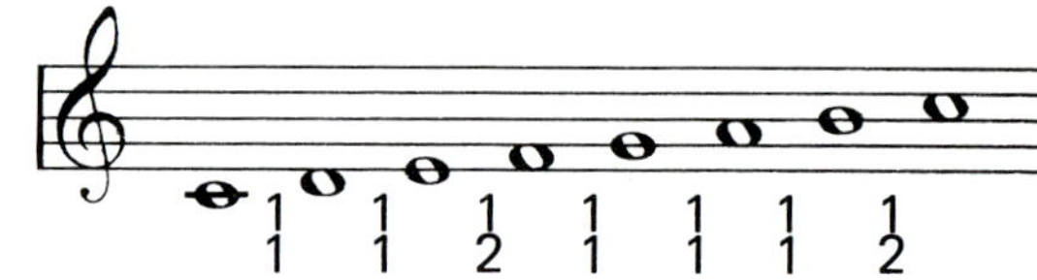

Nach diesem Prinzip gibt es auf jedem Ton eine Tonleiter. Wenn man das Prinzip kennt, kann man sich selbst die Tonleitern ausrechnen, ohne sie auswendig lernen zu müssen.

Als Beispiel soll die G-Dur-Tonleiter aufgebaut werden:
Zunächst einfach vom G aus acht Töne

Hört Euch diese »Tonleiter« an und versucht herauszuhören, wo sie nicht stimmt.
H 104

Wenn man diese Töne auf der Tastatur betrachtet, ist leicht festzustellen, daß ein Halbtonschritt nicht dort ist, wo er in der Dur-Tonleiter hingehört:

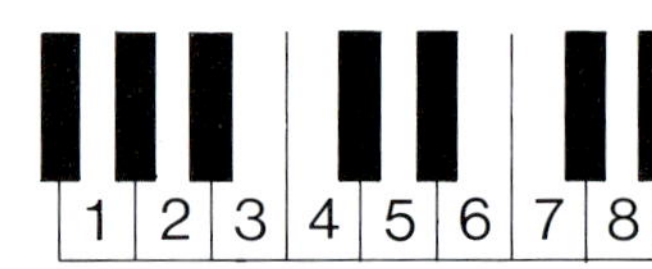

Wie kann nun der Halbtonschritt vom falschen Platz weg und an den richtigen gebracht werden?

Dazu muß man wissen, daß man einen Ton um einen halben Tonschritt erhöhen kann, indem man ein Kreuz davor setzt, z.B. macht man aus f ein fis.

Wenn man aus dem Halbtonschritt e - f, der an der falschen Stelle liegt, einen Ganztonschritt machen will, so muß man also nur aus dem f ein fis machen und erhält als Halbtonschritt fis - g, genau richtig zwischen dem 7. und 8. Ton der Tonleiter.

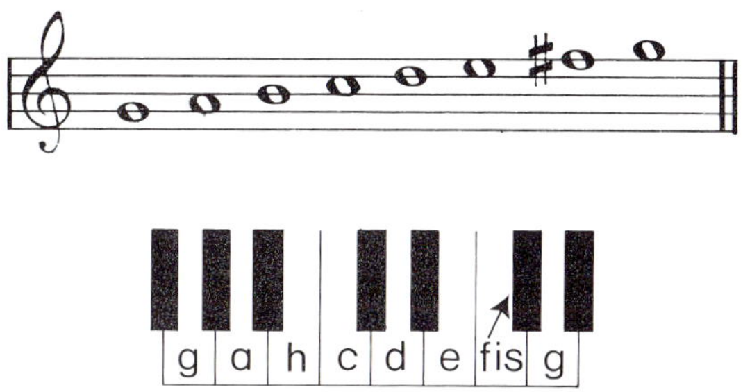

Versucht selbst nach diesem Prinzip zunächst eine Tonleiter auf D und dann eine Tonleiter auf A aufzubauen!

Damit man nun, wenn ein Musikstück in G-Dur steht, nicht jedesmal vor die Note f ein Kreuz machen muß, wird das Kreuz ohne Note jeweils an den Anfang einer Zeile gesetzt. Dies bedeutet dann, daß es sich bei jeder Note f um ein fis handelt.
Es gibt übrigens auch Tonarten, die nicht dadurch entstehen, daß Noten erhöht werden, sondern dadurch, daß Noten erniedrigt werden. Das Zeichen, mit welchem eine Note einen Halbtonschritt tiefer wird, ist ein b. Zum Bespiel wird aus h b

oder aus e es

1. Mit welchem Ton beginnt eine Tonleiter?
2. Zwischen welchen Stufen der Dur-Tonleiter liegen Halbtonschritte?
3. Was bedeutet ein Kreuz vor einer Note?
4. Was bedeutet ein b vor einer Note?

10.9 Die Intervalle

Für den Musiker wäre es zu ungenau, wenn man zu ihm sagen würde: »Spiele den nächsten Ton höher«! Er muß genau wissen, wieviel höher der Ton sein soll.
Deshalb hat man für den Abstand zweier Töne voneinander Bezeichnungen eingeführt, die auf den lateinischen Zahlen beruhen. Diese Bezeichnungen gelten unabhängig davon, ob Töne gleichzeitig oder nacheinander zu hören sind.

1 = Prime	6 = Sexte
2 = Sekunde	7 = Septime
3 = Terz	8 = Oktave
4 = Quarte	9 = None
5 = Quinte	10 = Dezime

Die Bezeichnungen für die Intervalle gehen vom Aufbau der Tonleiter aus. Sie gelten also nur für die Töne, die in der Tonleiter enthalten sind.

Im nächsten Notenbeispiel sind zuerst die beiden Töne gleichzeitig, dann nacheinander notiert.

Die beiden nächsten Hörbeispiele **(H 105** und **H 106)** *führen Euch anfangs Intervalle vor und stellen anschließend jeweils drei Aufgaben.*

Die Kenntnis der Intervalle und ihr richtiges Erkennen ist vor allem für diejenigen wichtig, die ein Instrument spielen oder erlernen wollen.

1. Welchen Sinn hat es, den Abständen zwischen Tönen feste Bezeichnungen zu geben?

2. Schreibt die Bezeichnungen für folgende Abstände auf: a) sieben Töne b) drei Töne c) fünf Töne d) vier Töne

Einige Beispiele in C-Dur:

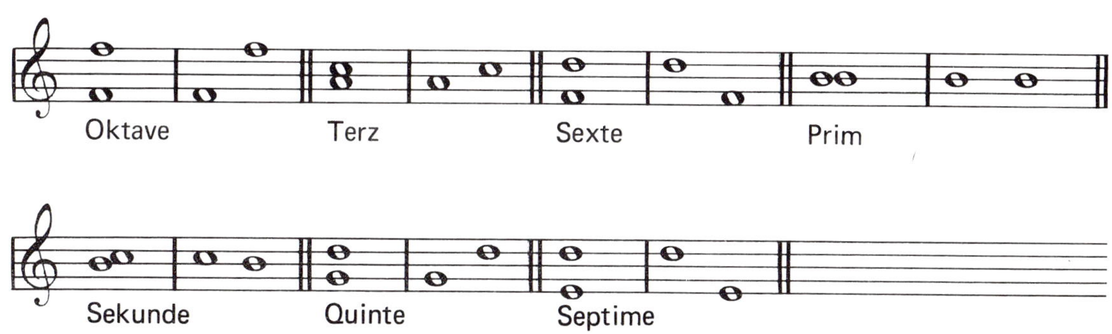

10.10 Die Dreiklänge

Musik besteht meist nicht nur aus einer Melodie. Schon wenn ein Lied auf der Gitarre begleitet wird, kommen zu dem Melodieton andere Töne dazu, die gleichzeitig mit ihm erklingen.
Für unsere Ohren paßt nicht jeder Ton zu jedem; man höre sich z.B. den Zusammenklang von C und H an!
Im Lauf der Jahrhunderte hat sich herausgestellt, daß sich bestimmte Zusammenklänge für uns am besten anhören. So entstanden Grundprinzipien des Aufbaus eines Zusammenklanges, an welche sich die Komponisten aller Musikarten in unserem Kulturkreis bis heute halten. In anderen Kulturkreisen gelten andere Gesetze für die Zusammenklänge und deshalb hört sich die Musik aus diesen Kulturkreisen für uns fremd an. Auch in Europa gibt es viele moderne Komponisten, die versuchen neue Wege zu finden, aber praktisch jede Musik, die wir täglich hören, baut auf dem Prinzip des Dreiklanges auf. Was ist das?
Das Wort sagt schon aus, daß es sich um einen Zusammenklang von drei verschiedenen Tönen handelt. Sie bestehen jeweils aus dem Grundton, der Terz und der Quinte.
Wenn man auf dem Ton C einen solchen Dreiklang errichtet, so sieht der folgendermaßen aus:

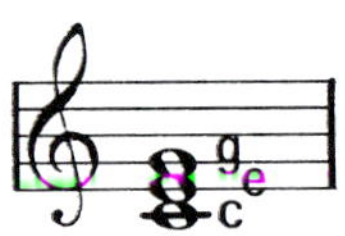

Man kann auf jedem Ton der Tonleiter einen Dreiklang errichten und erhält dann folgende Klänge:

Beim genauen Betrachten dieser Dreiklänge fällt auf, daß es sich um drei verschiedene Arten von Dreiklängen handelt:

1.

Hier besteht die untere Terz aus vier Halbtonschritten, die obere aus drei Halbtonschritten.
Diese Art von Dreiklang nennt man Dur-Dreiklang!

2.

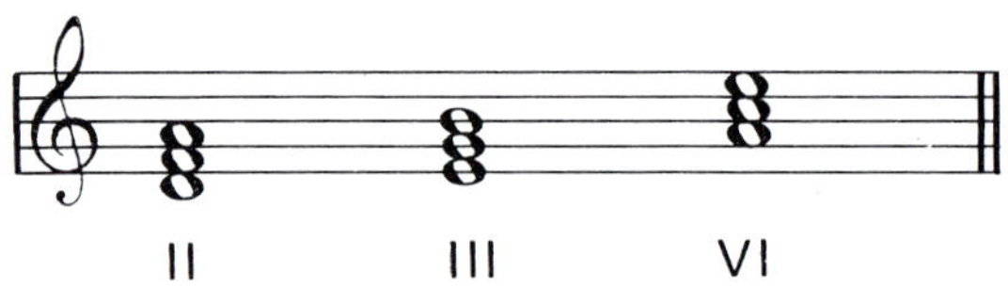

Hier besteht jeweils die untere Terz aus drei Halbtönen, die obere aus vier Halbtonschritten.
Diese Art von Dreiklang nennt man Moll-Dreiklang!

3.

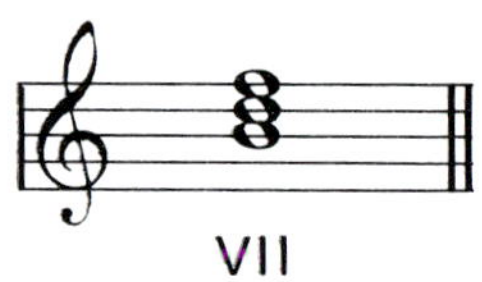

Hier besteht sowohl die untere als auch die obere Terz aus drei Halbtonschritten.

Uns interessieren zunächst vor allem die Dur-Dreiklänge. Sie stehen auf dem ersten, dem vierten und dem fünften Ton der Tonleiter. Man sagt deshalb auch in römischen Ziffern Dreiklang auf der I., der IV. oder der V. Stufe.

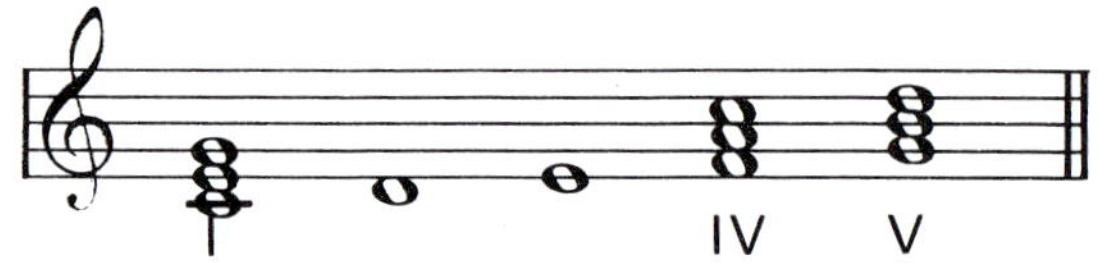

Diese Dreiklänge nennt man auch Grunddreiklänge, weil man mit ihnen fast jedes Lied, das nur die Töne der Dur-Tonleiter enthält, begleiten kann. Für sie werden auch folgende Begriffe verwendet:

I. Stufe: Tonika
IV. Stufe: Subdominante
V. Stufe: Dominante.

Auf der Schallplatte ist zunächst zweimal der Wechsel I–IV zu hören, anschließend zweimal der Wechsel I-V. Beim folgenden Wechsel sollt Ihr hören, ob es sich um I-IV oder I-V handelt. Auch dieser Wechsel wird zweimal gespielt. **H 107**

Beim nächsten Hörbeispiel hört Ihr zweimal den Wechsel IV–I, dann zweimal den Wechsel IV–V. Um welchen der beiden Wechsel handelt es sich anschließend? **H 108**

Zu der Melodie des Liedes »When the Saints go marching in« auf S. 110 gehört die Harmoniefolge I – V – I – IV – I – V – I.

Hört Euch das Lied an und versucht herauszuhören, wo die Harmonien wechseln! **H 83**

Spielt Euch eine solche Kadenz in C-Dur bis zu V vor und überlegt, welchen Klang Ihr als darauffolgenden erwartet. Versucht einen der erwarteten Töne zu singen!

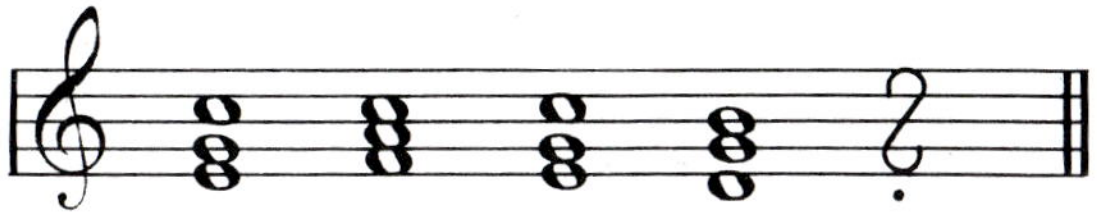

Die Erwartung, nach V den Dreiklang auf der I. Stufe zu hören, liegt daran, daß der Dreiklang auf der V. Stufe (in D-Dur g, h, d) den 7. Ton der Tonleiter (h) enthält. Diesen Ton nennt man den Leitton, weil man nach ihm stets den einen Halbton höher liegenden Grundton der Tonleiter erwartet.

Fast alle Musikstücke schließen deshalb mit der Akkordfolge V–I. In der Kadenz leitet die Akkordfolge I–VI–I den Schluß auf V–I ein. Den letzten Teil dieser Folge von Dreiklängen nennt man Kadenz: I–IV–I–V–I.
Die Kadenz ist häufig am Schluß von Musikstücken und Liedern zu finden, da in ihr der Schluß auf der I. Stufe sehr gut vorbereitet wird.

Hört Euch verschiedene Musikstücke an und achtet darauf ob und wann das Stück mit der Akkordfolge V–I endet, oder ob der Schluß sogar aus einer ganzen Kadenz besteht.

1. Wie ist ein Dreiklang aufgebaut?
2. Erklärt den Unterschied zwischen Dur- und Molldreiklängen!
3. Auf welchen Stufen der Dur-Tonleiter entstehen Dur-Dreiklänge?
4. Welche Abfolge von Dreiklängen nennt man Kadenz?
5. Welche Eigenschaft hat ein Leitton und wo finden wir ihn in der Tonleiter?

Stichwortverzeichnis